仓储与配送实务

职 业 教 育 商 贸、财 经 专 业 教 学 用 书

主　编　陈雄寅
副主编　韦妙花

华东师范大学出版社
·上海·

图书在版编目(CIP)数据

仓储与配送实务/陈雄寅主编.—上海:华东师范大学出版社,2013.6
ISBN 978-7-5675-0900-9

Ⅰ.①仓… Ⅱ.①陈… Ⅲ.①仓库管理-中等专业学校-教材②物资配送-物资管理-中等专业学校-教材 Ⅳ.①F253

中国版本图书馆 CIP 数据核字(2013)第 131181 号

仓储与配送实务

职业教育商贸、财经专业教学用书

主　　编　陈雄寅
责任编辑　何　晶
审读编辑　李　琴
装帧设计　徐颖超

出版发行　华东师范大学出版社
社　　址　上海市中山北路 3663 号　邮编 200062
网　　址　www.ecnupress.com.cn
电　　话　021-60821666　行政传真 021-62572105
客服电话　021-62865537　门市(邮购)电话 021-62869887
地　　址　上海市中山北路 3663 号华东师范大学校内先锋路口
网　　店　http://hdsdcbs.tmall.com

印 刷 者　上海昌鑫龙印务有限公司
开　　本　787×1092　16 开
印　　张　12
字　　数　248 千字
版　　次　2013 年 8 月第 1 版
印　　次　2024 年 1 月第 9 次
书　　号　ISBN 978-7-5675-0900-9
定　　价　28.00 元

出 版 人　王　焰

(如发现本版图书有印订质量问题,请寄回本社客服中心调换或电话 021-62865537 联系)

出版说明
Chubanshuoming

　　本书是职业教育商贸、财经专业的教学用书,是依据职业学校学生的认知能力和相关专业的岗位技能要求进行编写的。

　　本书以图文并茂的形式展现内容,直观形象地阐述知识点,强化岗位实践,重视学生的能力培养。在结构上则突出了"项目驱动、任务引领"的特点,充分体现了"做中学、做中教"的指导思想。

　　在本书的每个模块中都设计有以下栏目:

任务展示　设计具体背景下的任务,引出该项目的知识点或技能点。

岗前培训　介绍与任务相关的理论知识和操作要点。

任务执行　展示任务的具体完成过程,对需注意的细节加以说明。

技能训练　设计与本任务相似的技能训练,以巩固之前所学。

　　本书中各任务技能训练的参考答案、参考教学课时安排,以及配套课件等,请登录have.ecnupress.com.cn的"教学资源"栏目,搜索"仓储与配送"下载。

华东师范大学出版社

2013年8月

前 言

仓储与配送活动是商品流通乃至社会再生产过程中不可缺少的,是现代物流体系中的重要环节。对于企业来说,如何提高仓储配送工作效率,降低仓储配送运营成本,从根本上提高物流管理和服务水平,是每个企业都必须面对和解决的问题。对于学校而言,仓储与配送实务作为物流专业的核心课程,在2010年教育部主办的全国职业院校技能大赛中增设了仓储进出库团体赛以后,就显得更为重要了。

本书主编身兼企业培训咨询、物流竞赛辅导、仓管员考证辅导等多重角色,在编写本教材的过程中,力求做到内容"紧贴企业实务、紧扣考证大纲、紧跟技能大赛",让一书三用,方便企业人士自学,方便老师教学,方便学生考证。

本书共有两个篇章:第一篇仓储作业包含5个模块,分别是走进仓储、仓储规划、入库作业、在库作业、出库作业;第二篇配送作业包含4个模块,分别是走进配送、配送中心选址、配送中心内部规划、配送中心业务处理。

为便于知识和技能的掌握,本书在栏目设计上做了这样一些安排:

(1) 任务展示:通过布置操作性很强的任务,驱动学生的学习兴趣和工作欲望。

(2) 岗前培训:主要介绍任务所涉及到的一些必备的理论知识、操作流程、作业技巧。

(3) 任务执行:图文并茂地展示项目任务的具体操作步骤,以及介绍操作过程中应该注意的细节。

(4) 技能训练:在每个"任务执行"结束后,进一步安排一个技能训练项目,巩固先前所学。

(5) 小贴士:在岗前培训、任务执行的过程中,根据需要适时安排此栏目,教授学生一些相关的扩充知识。

前言
Qianyan

本书的主要特点如下：

(1) 教材体现了 PTCA 实训教学法，即包含项目驱动(Project)、岗前培训(Training)、技能比武(Competition)、任务巩固(Assignment)于一体的一种教学方法。

(2) 项目驱动，任务引领。教材改变了以往的编写体系，充分体现了"做中学，做中教"的指导思想。

(3) 图文并茂，贴近实务。本书除了介绍仓储配送的实务流程、操作步骤外，还配备了大量的作业图片和工作表单，可以作为专业课程教材使用，也可供相关企业员工的培训使用。

(4) 本书的教学设计充分体现了职业技能教育与德育教育、情感教育和职业生涯规划教育相结合。

本书由陈雄寅主编，韦妙花任副主编。

由于编者水平有限，书中难免有疏漏之处，恳请广大读者批评指正。

编　者

2013 年 8 月

目 录
Mulu

上篇　仓储作业

模块一　走进仓储 2
　任务一　组建项目团队 2
　任务二　认识仓储 4

模块二　仓储规划 12
　任务一　签订仓储合同 12
　任务二　仓储设备选用 17
　任务三　仓库货位规划 27
　任务四　仓库货物编码 35

模块三　入库作业 41
　任务一　入库准备 41
　任务二　货物接运 43
　任务三　入库验收 45
　任务四　入库操作 52

模块四　在库管理 64
　任务一　盘点作业 64
　任务二　库存管理 71
　任务三　商品养护 74
　任务四　仓库安全与防护 77

模块五　出库作业 84
　任务一　出库操作 84
　任务二　退货出库处理 92
　任务三　转库调拨处理 96

下篇　配送作业

模块六　走进配送 100
　任务一　物流职业生涯规划 100
　任务二　物流配送业现状调查 104
　任务三　认识配送 106

模块七　配送中心及其选址 112
　任务一　认识配送中心 112
　任务二　配送中心如何选址 118

模块八　配送中心内部规划 126
　任务一　配送中心作业区域规划 126
　任务二　配送中心作业设备配置 134

模块九　配送中心业务处理 142
　任务一　订单处理作业 142
　任务二　补货作业 154
　任务三　拣货作业 157
　任务四　流通加工作业 165
　任务五　送货作业 171

附录一　现代物流中心作业
　　　　团体赛规程 175

附录二　仓储与配送实务
　　　　专业术语 180

参考文献 183

模块一　走进仓储

任务一　组建项目团队

【任务展示】

在当今的职场中,光凭一个人单打独斗是行不通的,即便此人再优秀,或是有多年工作实战经验,他所能发挥的能量也是有限的。据了解,世界 500 强企业里有 80% 以上的企业都是以项目团队的方式来运作。只有团队才能将个人的能力最大化,进而更加高效、出色地完成工作任务。在本课程今后的学习过程中,我们也要通过项目团队的力量去攻克一个又一个未知的任务。那么,就请你和其他志同道合的同学一起组建一个属于你们自己的仓储项目团队吧。

【岗前培训】

培训要点 1：了解什么是项目团队

项目团队不同于一般的群体或组织,它是为实现项目目标而组建的一种按照团队模式开展项目工作的组织。"项目团队是指项目的中心管理小组,由一群人集合而成并被看作是一个组,他们共同承担项目目标的责任,兼职或者全职地向项目经理进行汇报。"*

培训要点 2：项目团队发展的四阶段

组合期：在这一阶段,团队新成立,队员之间未必有深入的了解,彼此的相对地位尚未确立,队员对团队的目标不够清楚,大家处事缺少默契。

摸索期：在这一阶段,队员之间可能会相互竞争,团队内部可能会出现小圈子。团队整体处于"休眠"状态。

共识期：队员共同议定目标和守则,队员相处融洽,开始各自发挥、表现,成为群策群力的团队。

发挥期：队员之间相互支持,全情投入项目工作,队员认同团队,工作成绩卓越。

培训要点 3：体会项目团队的意义

著名的木桶理论：一只水桶想盛满水,每块木板都必须一样平齐且无破损,如果这只桶的木板中有一块不齐或者某块木板上面有破洞,这只桶就无法盛满水(如图 1-1 所示)。一个团队的战斗

图 1-1　木桶理论

---

* 注：引用自《项目管理》一书,由立信会计出版社于 2008 年 8 月出版。

力,不是单单某个成员的能力可以决定,而是取决于成员与成员之间的相互协作、相互配合,这样才能均衡、紧密地结合形成一个强大的整体,从而使团体绩效大于个体绩效的总和。所以,一个优秀的团队所能实现的不光是简单的 $1+1=2$,而是 $1+1>2$。

【任务执行】

步骤1:项目分组,明确分工,填写资料

项目团队名称:＿＿＿＿＿＿＿＿＿＿＿＿＿＿＿＿＿

团队名称寓意:＿＿＿＿＿＿＿＿＿＿＿＿＿＿＿＿＿

项目团队口号:＿＿＿＿＿＿＿＿＿＿＿＿＿＿＿＿＿

项目成员名单见表1-1:

表1-1 项目成员名单

序号	姓名	职务	联系方式	QQ
1				
2				
3				
4				
5				
6				
7				
8				
9				
10				

步骤2:破冰游戏

方法如下:

① 和项目团队里的每位成员握手,并微笑着对每一个人说:"你好,我叫××,你很棒,我很喜欢你!"

② 在项目经理带领下,全体项目成员共同宣读:"从今天开始我要对我的言行负责,不管任何原因,也不能破坏团队的气氛,永远不做气氛和情绪的污染者!"

③ 每个团队选派一名代表发言,介绍自己团队的名字和团队的口号。之后全班所有项目组进行"喊口号比赛",即每个项目组在项目经理带领下,大声将自己团队的口号喊出来。由大家对各项目团队口号进行打分,评出名次。

【技能训练】

训练任务1:请结合"表1-2 团队整体评价表"评价自己团队的表现

表1-2　团队整体评价表

等级	评价标准
优秀	团队目标明确,团队领导力强,成员的凝聚力强,团队结构合理,人人参与相互协作,善于沟通,办事效率高
良好	团队目标明确,团队领导有能力,能够较好地合作、沟通,大多数成员参与团队活动,凝聚力较强
及格	团队目标基本明确,团队领导力一般,能进行沟通、合作,有一半成员参与团队活动,有一定的凝聚力
不及格	团队目标不明确,团队领导力差,多数成员不参与团队活动,不能进行沟通、合作,内部矛盾激化,办事效率低下,无法形成团队共同的决议

训练任务2:请结合"表1-3 个人整体评价表"评价自己的表现

表1-3　个人整体评价表

姓名		项目组		职务	
评价项目		自我评价 (每项满分5分,共30分)		他人评价 (共70分)	
参与积极程度					
团队意识				项目经理打分(满分40分): _____	
工作称职度					
服从安排					
遵守团队规则				指导教师打分(满分30分): _____	
团队合作精神					
合计					

任务二　认识仓储

【任务展示】

作为物流公司即将入职的新员工,你知道仓储和储存的区别吗？你知道什么是物流中心吗？你了解形形色色的仓库吗？如果你还不知道的话，请在培训老师的帮助下，一起来认识仓储吧！

【岗前培训】

培训要点1：什么是仓储

《中华人民共和国国家标准物流术语》（以下简称《物流术语》）中对仓储(warehousing)的定义是："利用仓库及相关设施设备进行物品的进库、存贮、出库的活动。"

培训要点2：什么是储存

《物流术语》中对储存(storing)的定义是："保护、管理、贮藏物品。"它是包含库存和储备在内的一种广泛的经济现象，是物流系统最重要的业务之一。

培训要点3：什么是物流中心

《物流术语》中对物流中心(logistics center)的定义是："从事物流活动的场所或组织，应基本符合以下要求：主要面向社会服务；物流功能健全；完善的信息网络；辐射范围大；少品种、大批量；存储、吞吐能力强；物流业务统一经营、管理。"（如图1-2所示）

图1-2　物流中心

图1-3　仓库库房

培训要点4：什么是仓库

《物流术语》中对仓库(warehouse)的定义是："保管、储存物品的建筑物和场所的总称。"仓库一般由贮存物品的库房（如图1-3所示）、运输传送设施（如：吊车、电梯、滑梯等）、出入库房的输送管道和设备，以及消防设施、管理用房等组成。

培训要点5：仓库的分类

对于仓库的分类，从不同的方面来分析，可以有不同的分类标准。

1. 按用途分类

自有仓库(private warehouse)：各企业为了保管本公司的货品而建设的仓库。

营业仓库(commercial warehouse)：按照仓储业管理条例取得营业许可，用来保管他人货品的仓库。营业仓库是社会化的一种仓库类型，面向社会，以经营为手段、以营利为目的。

公共仓库(public warehouse)：国家或公共团体为了公共利益而建设的仓库。

保税仓库(bonded warehouse)：经海关批准设立的专门存放保税货物及其他未办结海关手续货物的仓库。保税仓库是保税制度中应用最广泛的一种形式。

2. 按结构和构造分类

平房仓库：适于贮存金属材料、建筑材料、矿石、机械产品、车辆、油类、化工原料、木材及其制品等。这种仓库一般采用预制钢筋混凝土结构，有效高度一般不超过6米，建筑费用较便宜，采用较广泛，如图1-4所示。

图1-4　平房仓库

图1-5　多层仓库

多层仓库：一般贮存百货、电子器材、食品、橡胶产品、药品、医疗器械、化学制品、文化用品、仪器仪表等。底层有卸货装货场地，装卸车辆可直接进入，如图1-5所示。货物的垂直运输一般采用1.5~5吨的运货电梯。多层仓库常用滑梯方式卸货。

高层货架仓库：利用高层货架配以货箱或托盘储存货物，利用巷道堆垛起重机及其他机械进行作业的仓库，如图1-6所示。

图1-6　高层货架仓库

图1-7　散装仓库

图1-8　罐式仓库

散装仓库：专门保管散装粒状或粉状物资的容器式仓库，如图1-7所示。

罐式仓库：以各种罐体为储存库的大型容器型仓库，如图1-8所示。

3. 按功能分类

仓库按其不同的使用功能，可分为生产仓库、储备仓库、集配型仓库、中转分货型仓库、加工型仓库、流通仓库。

4. 按技术处理方式及保管方式分类

仓库按其技术处理或保管方式的不同，可以

分为普通仓库、冷藏仓库、恒温仓库、危险品仓库。

5. 按选址分类

仓库按其设立的选址，可分为港口仓库、内陆仓库、枢纽站仓库。

【任务执行】

"四种典型仓储配送型企业调研"案例分析

案例资料：

1. 保税仓

深圳赛格储运有限公司下属的福保赛格实业有限公司（以下简称：福保赛格）在深圳市福田保税区拥有 28000 平方米的保税仓。福田保税区的特点在于有通向香港落马洲的进出境通道（一号通道）和通向深圳市区的进出关通道（二号通道）。货物进出境只需向海关备案，而进出关则需要报关。客户可以利用保税区境内关外的政策优势，实现整批进境、分批入关的延迟纳税优惠，或反之获得提前退税的好处。

福保赛格的主要客户包括日本理光国际通运有限公司、华立船务有限公司、伯灵顿国际物流有限公司、华润物流等近百家外资、港资物流企业和分布于珠三角地区的制造企业。福保赛格面向这些企业，提供保税仓的长租和短租服务，并附带从事流通加工等物流增值服务。

福保赛格的在职员工约 40 名。包括 5 名管理人员，10 名左右的叉车工人和搬运工人，另外还有报关员、报检员、客户服务人员、仓库管理员、勤杂人员（含门卫和设备检修人员）等 20 余人。

福保赛格的盈利模式是以仓库库位出租为核心的物流服务项目的收费。基本收费项目是仓租费。另外还有装车、卸车、并柜/拼箱，对货品进行贴标、缩膜/打ण、更换包装、简单加工（如：分包、重新组合包装、简单装配等），以及代客户进行报关、报检等服务项目的收费。主要支出是人工、水电、仓储物和设备折旧带来的维修维护费用等。

福保赛格的仓库主要是平面仓，有部分库区采用立体货架。以托盘为基本搬运单元，用叉车以及液压托盘车进行进出库搬运和库内搬运。一楼是越仓区，有五辆内燃动力的叉车。二楼到十楼为储存区，每层都有一到两台电动叉车（用蓄电池驱动）。有两台大型货运电梯上下。车辆停靠的月台有十多个车位，可以停靠货柜车、箱式车等多种型号的运输车辆。

福保赛格目前仍然是以订单为驱动、以业务为中心进行运作的仓储服务企业，还没有转型到以客户服务为中心。在该公司管理层的推动下，公司上下全体员工已经树立了全面质量管理的理念，并以 ISO9000 质量管理体系的要求建立起规范化的质量文档体系。但该公司目前尚未正式申请或通过 ISO9000 质量体系认证。

福保赛格及其母公司赛格储运有限公司在 1999 年开发过一套基于 C/S 体系的管理信息系统，后因结算不准确、系统灵活性差、不能适应业务变化等原因已放弃使用。自 2002 年底到 2003 年底，赛格储运有限公司与赛邦软件合作开发了一套全新的，基于 Web 的 B/S 体系的物流管理系统，覆盖了运输业务、仓储业务、财务结算等各个方面。从而实现了客户网上下单、网上查询订单处理状态、库存状态、账单明细等，可以做到实时结算和预约结算。

福保赛格面临的最大的问题是如何提高资产回报率。保税仓的固定资产超过 8000 万，而每年的利润却不到 500 万。与运输业务相比（货柜车辆的固定资产只有 1000 多万，每年贡献的利润却达到 2000 万以上），资产回报率太低。因此，提高保税仓库区工作人员士气，努力增强其服务意识，注重品质提升；扩大物流增值服务的比例，大幅提高仓租费以外的收入来源，努力争取更多利润贡献率高的优质客户,淘汰利润率低的 C 类客户等都是可能的解决途径。

为了使得公司能够上台阶,提高保税仓的资产回报率,并在适当的时候通过 ISO9000 的认证。福保赛格希望通过内部实现全面质量管理来持续改进自己的管理流程,并通过信息化的手段来辅助管理的开展。首先他们希望建立现代的岗位培训制度,建立严谨的教育及培训计划。然后通过在部门中持续不断的开展培训和流程监控,消除内部部门之间的隔阂,提升所有员工主动为客户服务的意识,并且消除员工对于管理层的恐惧感,敢于提出自己的观点和看法;逐步消除妨碍基层员工的工作顺畅的因素,量化考核指标;并且通过最高层领导的积极参与,在企业内部形成一种包含计划、执行、检查、处理的全体员工认同的管理文化。对外开发更多的高端客户,树立以客户为中心的意识(加强对客户满意度的关注),提出"要把服务做在客户没有想到之前"的口号。通过内部的管理流程挖潜和对外客户的优质增值服务来获得新的竞争优势。

2. 城市配送中心

杭州富日物流有限公司(以下简称:富日物流)于 2001 年 9 月正式投入运营,注册资本为 5000 万元。富日物流拥有杭州市最大的城市快速消费品配送仓,已构建完成 30 万平方米常温带月台式物流中心,并已全部投入使用。富日物流作为众多快速流通民用消费品的华东区总仓,其影响力和辐射半径还在日益扩大中。

富日物流通过引入世界上先进的第三方物流经营理念,成功开拓了以杭州为核心的周边物流市场,目前已成为杭州最大的第三方物流企业之一。富日物流的主要客户包括大型家用电器厂商(科龙、小天鹅、伊莱克斯、夏普、LG、三洋等)、酒类生产企业(五粮液的若干子品牌、金六福等)、方便食品生产企业(康师傅、统一等)和其他快速消费品厂商(金光纸业、维达纸业等)。国美电器、永乐家电等连锁销售企业和华润万佳等连锁超市也与富日物流建立了战略合作关系。富日物流为客户提供仓储、配送、装卸、加工、代收款、信息咨询等物流服务,利润来源包括仓租费、物流配送费、流通加工服务费等。

富日物流的商业模式就是基于配送的仓储服务。制造商或大批发商通过干线运输等方式把大批量的货品存放在富日物流的仓库里,然后根据终端店面的销售需求,用小车小批量配送到零售店或消费地。目前,富日物流公司为各客户单位每天储存的商品量达 2.5 亿元。最近,这家公司还扩大了 6 万平方米的仓储容量,使每天储存的商品量达 10 亿元左右。按每月流转三次计,这家公司的每月物流量达 30 亿元左右。

富日物流的仓库全都是平面仓。部分采用托盘和叉车进行库内搬运。少量采用手工搬运。月台设计很有特色,适合于大型货柜车、平板车、小型箱式配送车的快速装卸作业。

与业务发展蒸蒸日上不同的是,富日物流的信息化一直处于比较原始的阶段,只有简单的单机订单管理系统,以手工处理单据为主。以富日物流目前的仓库发展趋势和管理能力,以及为客户提供更多的增值服务的要求,其物流信息化瓶颈严重制约了富日物流的业务发展。直到最近才开始开发符合其自身业务特点的物流信息化管理系统。

富日物流在业务和客户源上已经形成了良性循环。如何迅速扩充仓储面积,提高配送订单的处理能力,进一步提高区域影响力已经成为富日物流公司决策层的考虑重点。

富日物流已经开始密切关注客户的需求,并为客户规划出多种增值服务,期盼从典型的仓储型配送中心开始向第三方物流企业发展。从简单的操作模式迈向科学管理的新台阶,富日物流的管理层开始意识到仅仅依靠决策层的先进思路是完全不够的,而是应当导入全面质量管理的管理理念和实施 ISO9000 质量管理体系,保证所有层次的管理人员和基层人员能够严格按照全面质量管理的要求，在信息系统的帮助下，将富日物流的管理体系提升到科学管理的高度。

3. 中转分拨仓

浙江省义乌市联托运开发总公司是一家集义乌全市所有联托运线点开发、经营和管理于一体的综合性企业。其下属的运输分公司——联发快运直接经营浙江省内的运输业务，并在省内几乎每个县市都设有货物收发点，实现定点、定时收发货物。联发快运通过自己的运输力量可以在不超过两天的时间内在省内任何两个县市之间完成货物送达。而发往省外的货物则需要通过设在义乌的直达全国三百多个城市托运点的中转分拨仓来完成全程运输。由于货物在中转仓的停留时间短（通常只有几个小时），因此基本上没有正式的库存管理和库内管理（如：比较正式的盘点、移仓作业）。仓库也是采用两端通透型类似越库区（cross docking）的设计，没有进行细致的库位划分。由于在义乌承接货物，跑国内长途的货车都是平板车等非集装箱类车型，通常不采用托盘作为基本物流单元。基本上也不用叉车，而是以人工搬运为主。在质量管理上，有规范化的操作规程，但都是粗线条的，不够灵活和细致。过于强调低成本竞争，不重视对客户的服务。尚没有考虑通过ISO9000质量认证体系的贯彻和实施。

联发快运的管理层认为公司面临的最大问题是业务负荷远远跟不上运力。需要对货源和优质大客户进行深入挖掘。联发快运现在已经拥有的和可以整合的运力资源潜力非常巨大。解决这一问题的具体办法包括转变以往等客上门的思想观念，加强服务意识，改革国有企业的人事制度等（义乌市联托运开发总公司是国有控股企业）。

4. 供应商管理库存（VMI）

随着大量台资、外资企业进驻苏州工业园区，苏州已经形成了以电子元器件、芯片、电脑及电脑配件等硬件产品的开发与生产为主的庞大的企业生态群落。各企业之间存在着复杂的、多对多的供销关系。

这些企业对物流服务有着特殊的要求，原因在于随着分工的细化，这些电子产品的元器件、原材料和成品种类日益繁多、更新换代周期短、货品单值较高、周转迅速。制造企业为了尽可能降低成本，减少库存对资金的占用，都更强调准时生产（JIT）和零库存原则，会要求供应商提供小批量、多批次、配合生产流程的频繁供货。

为了满足上述要求，供应商管理库存（vendor managed inventory，简称VMI）应运而生。其特征在于多个供应商共同租用一个公共仓库，面向一家或多家制造企业供货。当制造企业一次向多家供应商采购时，订单可以统一处理，从而在完成多对一的集中拣货和并单运输的同时，实现制造企业和供应商之间一对一的月度结算，由此大大降低了总体运输成本和交易成本，满足了制造企业的准时生产（JIT）的需求。

台湾世平国际公司是台湾著名的IT渠道/分销商。该公司沿袭业已存在的伙伴关系，满足苏州台资企业的物流需求，在苏州开展了以统仓共配型仓储为核心的物流服务。世平国际的客户既包括像明基电通、高科（苏州）等在内的大批台资企业，也包括英特尔、AMD在内的跨国巨头。世平国际运营的公共仓储是以托盘为存储单元的半自动立体仓。在单据、库位和货品上全面采用了条形码扫描读取技术，并拥有自动化辅助分拣系统。世平国际拥有严谨细致的业务流程和仓库管理规范，并严格按照ISO9000质量管理体系中的规范进行全面质量管理。标准化程度高，并有很强的持续改进能力。世平国际应用了国外某知名仓储软件企业的软件产品进行信息化管理。相关员工在系统使用上已经相当娴熟。目前该公司面临的问题是如何实现低成本扩张，进一步扩充仓储能力，提高信息系统的处理能力，以应付不断增长的客户需求。

(本案例来源自 http://www.233.com/wuliu/anli/20080229/134250503.html)

任务过程:

① 根据给出的案例资料,进行项目分组并抽题,课题见表1-4。

表1-4 项目课题列表

序号	课题名称
1	制作PPT对案例中的保税型仓储企业进行SWOT分析
2	制作PPT对城市配送中心型企业进行SWOT分析
3	制作PPT对中转分拨仓储企业进行SWOT分析
4	制作PPT对提供供应商管理库存(VMI)服务的企业进行SWOT分析

② 各组制作PPT并选派代表发言。
③ 项目组互评及教师点评,测评表见表1-5。

表1-5 "四种典型仓储配送型企业分析报告"项目完成情况测评表

项目组		成员					
考评标准	项目	分值(分)	自我评价(30%)	他组评价(40%)	教师评价(30%)	合计(100%)
	PPT制作水平	30				
	团队代表发言情况	40				
	团队分工、合作情况	30				
	合计	100				

【技能训练】

训练任务:分析不同行业对仓库服务的要求

① 每个项目组从表1-6中抽选一个课题,并进行组内分工。

表1-6 课题列表

序号	课题名称
1	生鲜食品行业对仓库服务提出了什么样的要求?
2	服装鞋帽行业对仓库服务提出了什么样的要求?
3	危化品行业对仓库服务提出了什么样的要求?
4	汽车行业对仓库服务提出了什么样的要求?

② 每个项目组通过社会调查或上网查找资料,并在项目经理组织下进行讨论。

③ 每个项目组制作汇报 PPT,要求图文并茂,用来演示说明"不同行业对仓库服务提出的要求是什么",并派代表发言。

④ 教师对学生的表现进行点评并对各项目组表现进行考核,测评表见表 1-7。

表 1-7 "不同行业对仓库服务提出的要求是什么"项目完成情况测评表

项目组	成员					
考评标准	项目	分值(分)	自我评价(30%)	他组评价(40%)	教师评价(30%)	合计(100%)
	资源查找翔实、具有典型性	30				
	PPT 制作水平	20				
	团队代表发言情况	20				
	团队分工、合作情况	30				
	合计	100				

模块二　仓储规划

　　仓储规划就是根据仓库的业务性质和规模、商品储存要求以及设备的性能和使用特点等因素,对仓储设施设备、储存空间及作业区域进行合理安排和配置,对仓储商品进行合理的货位规划,并编制货物编码。在进行仓储规划时主要考虑两个方面的要素:一是充分提高储存空间的利用率,二是提高物流作业效率。

任务一　签订仓储合同

【任务展示】

　　晋江明鸿科技有限公司(以下简称"明鸿科技公司"),是一家主要从事高端数码类产品的知名公司,最近公司由于业务扩张,急需一座仓库用于储存产品。当得知晋职物流有限公司(以下简称"晋职物流公司")仓储能力强、服务态度好后,明鸿科技公司主动给晋职物流公司打电话洽谈此笔业务。在对双方的权利与义务、租赁期限、租金、结算办法和违约责任等内容进行协商后,双方准备签订仓储合同。如果你是晋职物流公司的业务经理,应该怎么处理这份合同呢?

【岗前培训】

培训要点1:什么是仓储合同

　　仓储合同是用于约定保管人储存存货人交付的仓储物,存货人支付仓储费的合同。提供储存保管服务的一方称为保管人,接受储存保管服务并支付报酬的一方称为存货人,交付保管的货物为仓储物。签订仓储合同是提供仓储服务的前提,可以有效保证合同双方的利益。

培训要点2:仓储合同与保管合同的区别

　　① 仓储合同有其法定的特点,所以在签订履行时要注意各方权利义务的内容、起始时间,这决定着承担责任的内容和开始时间。

　　② 仓储合同与保管合同生效时间不同,仓储合同为成立时生效,保管合同为交付时生效。

　　③ 仓储合同均为有偿合同,涉及费用支付,而保管合同有偿与否则由当事人自行约定。

　　④ 仓储合同具有以下特殊特征:一是仓储的货物所有权不发生转移,只是货物的占有权暂时转移,而货物的所有权或其他权利仍归存货人所有;二是仓储保管的对象必须是动产,不动产不能作为仓储合同的保管对象;三是仓储合同的保管人,必须具有依法取得从事仓储保管业务的经营资格。

培训要点3:签订仓储合同的流程

　　仓储合同的订立应符合《中华人民共和国经济合同法》和《仓储合同实施细则》的有关规定,以及我国其他相关法律法规,贯彻平等互利、协商一致和等价有偿的原则,由双方的法定代表或授权的经办人签字,加盖单位公章或合同专用章,合同即告成立。具体的订立流程为:邀约——洽谈——定约——履约。

邀约:由存货方向保管方提出订立仓储合同的建议和需求。

洽谈:由保管方与存货方当面协商,制定合同框架,确定关键性条款。

定约:双方根据协商结果签定仓储合同并签字盖章。

履约:合同签字盖章后即生效,双方开始履行合同,承担各自的义务及享有的权利。

培训要点4:仓储合同的框架

仓储合同的内容和形式可根据实际情况进行设定,但作为合同的基本框架必须具备以下内容:第一,合同主体;第二,合同的前提与背景;第三,双方的权利与义务;第四,合同的标的与内容;第五,违约责任与处理;第六,免责情况;第七,纠纷处理。

【任务执行】

步骤1:商务洽谈

存货方代表:由教师或助教(或由教师指定人选)担当

保管方代表:由各项目团队担当

要求:保管方主动与存货方联系,进行商务洽谈了解情况。

步骤2:研拟合同

保管方根据存货方的要求拟定合同。以下是仓库租赁合同和仓储保管合同的样本。

仓库租赁合同

出租方(以下简称甲方):_____

承租方(以下简称乙方):_____

　　根据有关法律法规,甲乙双方经友好协商、一致达成如下厂房租赁合同条款,以供遵守。

第一条　租赁物位置、面积、功能及用途

　　1.1　甲方将位于_____的厂房或仓库(以下简称租赁物)租赁于乙方使用。租赁物面积为_____平方米。

　　1.2　本租赁物采取包租的方式,由乙方自行管理。甲方负责乙方所租厂房外围的安防工作。

第二条　租赁期限

　　2.1　租赁期限为____年,即从____年____月____日起至____年____月____日止。

　　2.2　如需延长租期,应在租赁期限届满前一个月提出,经甲方同意后,甲乙双方将对有关租赁事项重新签订租赁合同。在同等承租条件下,乙方有优先权。

第三条　仓库租赁费用及相关事项

　　3.1　租金每年为人民币_____元整。

　　3.2　供电、供水、排污及其他。

　　为使乙方能够正常使用,甲方必须保证以下几点:

　　(1) 有实际照明电力供乙方使用;

　　(2) 有水井水供乙方使用;

　　(3) 排污管道需接通到围墙外大排污管中;

(4) 帮助乙方处理工商税务等政府行政部门关系及地方关系；

(5) 由于厂房土地等产权问题引起的纠纷，由甲方负责处理，如导致乙方无法正常生产，甲方应双倍返还当年租金。

第四条　仓库费用的支付

支付方式：_____

_____

第五条　租赁物的转让

5.1　在租赁期限内，若遇甲方转让出租物的部分或全部产权，或进行其他改建，甲方应确保受让人继续履行本合同。在同等受让条件下，乙方对本出租物享有优先购买权。

5.2　若乙方无力购买，或甲方行为导致乙方无法正常生产的，甲方应退还乙方相应时间的租金。

第六条　场所的维修建设

6.1　乙方在租赁期间享有租赁物所有设施的专用权。乙方应负责租赁物内相关设施的维护，并保证在本合同终止时归还甲方。

6.2　乙方在租赁期限内应爱护租赁物，因乙方使用不当造成租赁物损坏的，乙方应负责维修，费用由乙方承担。

6.3　乙方因正常生产需要，在租赁物内进行固定资产建设，由双方另行协商解决。

第七条　租赁物的转租

经甲方书面同意后，乙方方可将租赁物的部分面积转租，但转租部分的管理工作由乙方负责，包括向转租户收取租金等。本合同规定的甲乙双方的责任和权利不因乙方转租而改变。

如发生转租行为，乙方还必须遵守下列条款：

(1) 转租期限不得超过乙方对甲方的承租期限；

(2) 乙方应在转租租约中列明，倘若乙方提前终止本合同，乙方与转租户的转租租约应同时终止；

(3) 无论乙方是否提前终止本合同，乙方因转租行为产生的一切纠纷概由乙方负责处理。

第八条　免责条款

凡因发生严重自然灾害、政府征地或其他不可抗力致使任何一方不能履行本合同时，遇有上述不可抗力的一方，应在30日内，提供不可抗力的详情及合同不能履行，或不能部分履行，或需延期履行的理由的公证机关证明文件或其他有力证明文件。遭受不可抗力的一方由此而免责。

第九条　合同的终止

本合同提前终止或有效期届满，甲、乙双方未达成续租协议的，乙方应于终止之日或租赁期限届满之日迁离租赁物，并将其返还甲方。

第十条　适用法律

本合同受中华人民共和国法律的管辖，本合同在履行中发生争议，应由双方协商解决，若协商不成，则通过仲裁程序解决。双方一致同意以杭州仲裁委员会作为争议的仲裁机构。

第十一条　其他条款

11.1　本合同未尽事宜，经双方协商一致后，可另行签订补充协议。

11.2　本合同一式四份，甲、乙双方各执两份。

第十二条　合同效力

本合同经双方签字盖章，并收到乙方支付的首期租赁款项后生效。

甲方(印章):＿＿＿＿＿＿＿＿＿＿＿＿＿＿＿＿＿

授权代表(签字):＿＿＿＿＿＿＿＿＿＿＿＿＿＿

地址:＿＿＿＿＿＿＿＿＿＿电话:＿＿＿＿＿＿＿＿

签订时间:＿＿＿＿＿＿＿年＿＿＿＿月＿＿＿＿日

乙方(印章):＿＿＿＿＿＿＿＿＿＿＿＿＿＿＿＿＿

授权代表(签字):＿＿＿＿＿＿＿＿＿＿＿＿＿＿

地址:＿＿＿＿＿＿＿＿＿＿电话:＿＿＿＿＿＿＿＿

签订时间:＿＿＿＿＿＿＿年＿＿＿＿月＿＿＿＿日

仓储保管合同

存货方:　　　　　　合同编号:

签订地点:

保管方:　　　　　　签订时间:　　年　　月　　日

根据《中华人民共和国经济合同法》和《仓储保管合同实施细则》的有关规定,存货方和保管方根据委托储存计划和仓储容量,经双方协商一致,签订本合同。

第一条　储存货物的品名、品种、规格、数量、质量、包装。

1. 货物品名:
2. 品种规格:
3. 数量:
4. 质量:
5. 货物包装:

第二条　货物验收的内容、标准、方法、时间、资料。

第三条　货物保管条件和保管要求。

第四条　货物入库、出库手续、时间、地点、运输方式。

第五条　货物的损耗标准和损耗处理。

第六条　计费项目、标准和结算方式。

第七条　违约责任。

1. 保管方的责任:

(1) 在货物保管期间,因未按合同规定的储存条件和保管要求保管货物,造成货物灭失、短少、变质、污染、损坏的,应承担赔偿责任。

(2) 对于危险物品和易腐物品等未按国家和合同规定的要求操作、储存,造成毁损的,应承担赔偿责任。

(3) 由于保管方的责任,造成退仓不能入库时,应按合同规定赔偿存货方运费和支付违约金＿＿＿元。

(4) 由保管方负责发运的货物,不能按期发货,应赔偿存货方逾期交货的损失;错发到货地点,除按合同规定无偿运到规定的到货地点外,还要赔偿存货方因此而造成的实际损失。

(5) 其他约定责任。

2. 存货方的责任：

(1) 由于存货方的责任造成退仓不能入库时，存货方应偿付相当于相应保管费_____%（或_____%）的违约金。超出议定储存量储存的，存货方除交纳保管费外，还应向保管方偿付违约金_____元，或按双方协议处理。

(2) 易燃、易爆、易渗漏、有毒等危险货物以及易腐、超限等特殊货物，必须在合同中注明，并向保管方提供必要的保管与运输技术资料，否则造成的货物毁损、仓库毁损或人身伤亡，由存货方承担赔偿责任直至刑事责任。

(3) 货物临近有效期或有异状的，在保管方通知后不及时处理，造成的损失由存货方承担。

(4) 未按国家或合同规定的标准和要求对储存货物进行必要的包装，造成货物损坏、变质的，由存货方负责。

(5) 存货方已通知出库或合同期已到，由于存货方（含用户）的原因致使货物不能如期出库，存货方除按合同的规定交付保管费外，并应偿付违约金_____元。由于出库凭证或调拨凭证上的差错所造成的损失，由存货方负责。

(6) 按合同规定由保管方代运的货物，存货方未按合同规定及时提供包装材料或未按规定期限变更货物的运输方式、到站、接货人，应承担延期的责任和增加的有关费用。

(7) 其他约定责任。

第八条　保管期限。

从_____年____月____日至_____年____月____日止。

第九条　变更和解除合同的期限。

由于不可抗力事故，致使直接影响合同的履行或者不能按约定的条件履行时，遇有不可抗力事故的一方，应立即将事故情况及时通知对方，并应在_____天内，提供事故详情及合同不能履行、或者部分不能履行、或者需要延期履行的理由的有效证明文件，此项证明文件应由事故发生地区的_____机构出具。按照事故对履行合同影响的程度，由双方协商解决是否解除合同，或者部分免除履行合同的责任，或者延期履行合同。

第十条　解决合同纠纷的方式：执行本合同发生争议，由当事人双方协商解决。协商不成，双方同意由_____仲裁委员会仲裁（如当事人双方未在本合同中约定仲裁机构，事后又没有达成书面仲裁协议的，可向人民法院起诉）。

第十一条　货物商检、验收、包装、保险、运输等其他约定事项。

第十二条　本合同未尽事宜，一律按《中华人民共和国经济合同法》和《仓储保管合同实施细则》执行。

存货方（章）：　　　　　　　　　　保管方（章）：
地址：　　　　　　　　　　　　　　地址：
法定代表人：　　　　　　　　　　　法定代表人：
委托代理人：　　　　　　　　　　　委托代理人：
电话：　　　　　　　　　　　　　　电话：
开户银行：　　　　　　　　　　　　开户银行：
账号：　　　　　　　　　　　　　　账号：
邮政编码：　　　　　　　　　　　　邮政编码：
鉴（公）证意见：

经办人：　　　　　　　　　　　　　　鉴(公)证机关(章)
　　　　　　　　　　　　　　　　　　　　年　月　日
(注：除国家另有规定外，鉴(公)证实行自愿原则)
有效期限：　　年　月　日至　　年　月　日
监制部门：　　　　　　　　印制单位：

【技能训练】

训练任务 1：合同录入

各项目组通过团队合作，使用 Word 软件将"任务执行"中的"仓库租赁合同"和"仓储保管合同"模板录入电脑。

训练任务 2：商务洽谈、签订合同

将录入的模板打印出来。项目组之间互相模拟"任务展示"中准备签订合同的甲方和乙方，按照"培训要点 3：签订仓储合同的流程"来签订合同。

训练任务 3：仓储合同违约案例分析

某汽车装配厂从国外进口一批汽车零件，准备在国内组装、销售。2013 年 3 月 5 日，与某仓储公司签订了一份仓储合同。合同约定，仓储公司提供仓库保管汽车配件，期限为 10 个月，从 2013 年 4 月 15 日起到 2014 年 2 月 15 日止，保管仓储费为 10 万元；还约定任何一方如有违约行为，就要承担违约责任，违约金总金额为总金额的 20%；另外，汽车装配厂交予仓储公司定金 2000 元。

合同签订后，仓储公司开始为履行合同做准备，清理了合同约定的仓库，同时拒绝了其他人的仓储要求。2013 年 3 月 27 日，仓储公司通知装配厂已经清理好仓库，可以开始送货入库。但装配厂表示已找到更便宜的仓库，如果仓储公司能降低仓储费的话，就送货仓储。仓储公司当然不同意，装配厂也明确表示不需要对方的仓库。4 月 2 日仓储公司再次要求装配厂履行合同，装配厂再次拒绝。

4 月 5 日，仓储公司向法院起诉，要求汽车装配厂承担违约责任、支付违约金、退还定金并支付仓储费。汽车装配厂答辩称合同未履行，因而不存在违约问题。

试分析：
① 仓储合同是否生效？
② 仓储公司的要求是否合理？为什么？
③ 如果你是法官，你会做出怎样的判决？

任务二　仓储设备选用

【任务展示】

晋职物流公司顺利与明鸿科技公司签订了仓储合同。为了更好地提高服务质量，晋职物

流公司为明鸿科技公司修建了一间新库房,该库房长 60 米、宽 50 米、高 8 米,地坪承载重量 200 千克/立方米。如果你是晋职物流公司的仓储部经理,你认为应该为新仓库选择和准备哪些基本的设施和设备,才能正常开展仓储业务呢?

【岗前培训】

培训要点 1:什么是仓储设备

仓储设备是指仓库进行生产和辅助生产作业以及保证仓库及作业安全所必需的各种机械设备的总称。

培训要点 2:仓储设备的分类

仓储设备按照功能不同可分为保管设备、装卸搬运设备、计量设备、养护设备和消防设备等,具体见表 2-1。

表 2-1　仓储设备的分类

分类	概念	常见设备
保管设备	保管设备是指用于保护仓储商品质量的设备	苫垫用品,如:苫布、苫席
		存货用品,如:货架、货橱
装卸搬运设备	装卸搬运设备是指用于商品的出入库、库内堆码以及翻垛作业的设备	装卸堆垛设备,如:门式起重机、叉车、堆高车、堆垛机等
		搬运传送设备,如:搬运车、皮带输送机、电梯以及手推车等
		成组搬运设备,如:托盘等
计量设备	计量设备是指在商品进出库时,对货物进行计量、点数以及盘点、检查中经常使用的度量衡设备	重量计量设备,如:电子磅秤
		长度计量设备,如:检尺器
		个数计量设备,如:自动计数设备
养护设备	养护设备是指商品入库验收与在库养护、测试、化验,以及防止商品发生变质、失效的一系列机具、仪器、仪表等技术装备	温度仪、吸潮器、风幕、测湿仪、红外线装置、空气调节器
消防设备	消防设备是指仓库内用于保障消防安全的必要设备	报警器、灭火器材

培训要点 3:物流中心设备的需求预测

物流中心的设备选用从需求预测开始,即需要对物料、设备、人员这些相关性的因素进行估算,然后进行一些关联性的分析,最后得出设备摆放与细节调整的方案。因此设备的需求预测就是设备选用的关键。

物流中心设备需求预测的流程如图 2-1 所示。

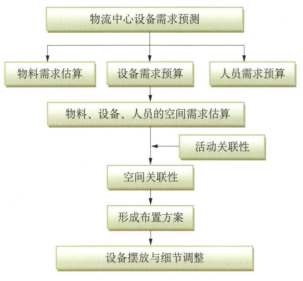

图2-1 物流中心设备需求预测流程示意图

【任务执行】

步骤1:选择存储设备——货架

在仓储设备中,货架是指用支架、搁板或托架组成的储存货物的立体设施。

1. 货架的组成

了解货架各部件的名称,如图2-2所示。

A代表横梁(beam),B代表搁板(shelf),C代表横撑(cross bracing),D代表斜撑(diagonal bracing),E代表立柱(column)。

2. 不同种类与功能的货架

货架的种类、各种货架的特点及适用范围见表2-2。

图2-2 货架

表2-2 各种货架的特点及适用范围

货架的种类及图示	特点	适用范围
重力式货架	轨道有一定坡度(一般为3°),利用货物的自重,实现货物的先进先出,一边进而另一边出	适用于大批量、同类货物先进先出的存储作业,空间利用率很高,尤其适用于有一定质保期、不宜长期积压的货物

续表

货架的种类及图示	特点	适用范围
移动式货架 	一组货架只需一条通道,空间利用率极高,安全可靠,移动方便。每排货架有一台电机驱动,由装置于货架下的滚轮沿着铺设于地面上的轨道移动	广泛应用于传媒、图书馆、金融、食品等行业仓库
阁楼式货架 	充分利用仓储高度,更好地利用仓储空间;充分考虑人性化物流,设计美观,结构大方;安装、拆卸方便,可根据仓库的实地情况灵活设计	适用存放轻泡及中小件货物。广泛应用于汽车4S店,汽车零部件领域,轻工、电子等行业
旋转式货架 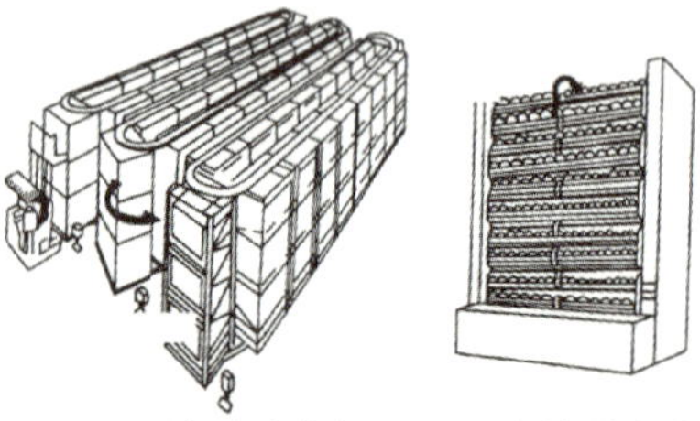 (a) 水平旋转式货架 (b) 垂直旋转式货架	旋转式货架设有电力驱动装置。货架沿着由两个直线段和两个曲线段组成的环形轨道运行。由开关或用小型电子计算机操纵。旋转式货架可分为水平旋转货架和垂直旋转货架。拣货路线短,拣货效率高,不易出错	主要适用于多品种、拣选频率高的货物,如果取消货格,用支架代替,也可以用于成卷货物的存取
流动式货架(流利货架) 	流动式货架一般采用滚轮式铝合金或钣金流利条,呈一定坡度(3°左右)放置。货物通常为纸包装,也可将货物放于塑料周转箱内,利用其自重实现货物的流动和先进先出。使用成本低,存储速度快,密度大。可配以电子标签实现货物的信息化管理	适于装配线两侧的工序转换、流水线生产、配送中心的拣选作业等场所。广泛应用于汽车、医药、化工和电子等行业

续表

货架的种类及图示	特点	适用范围
自动化立体仓库货架	自动化立体仓库货架是钢结构或钢筋混凝土结构的建筑物或结构体,货架内是标准尺寸的货位空间。目前主要有焊接式货架和组合式货架两种基本形式。自动化立体仓库货架大大提高了空间利用率,便于形成先进的物流系统,提高企业生产管理水平	适用于汽车、化工、电子、烟草等行业。其中,最具典型意义的是海尔集团国际物流中心的立体仓库,该仓库高22米,拥有18056个标准托盘位,全部实现了现代物流的自动化和智能化

步骤 2:选择托盘

托盘是最基本的物流器具,是指用于集装、堆放、搬运和运输,放置单元负荷的货物的水平平台装置。它是货物从静态转变成动态的载体,一般与叉车配合使用,可以大幅度提高装卸搬运效率。

1. 了解托盘的种类与特性

托盘一般可以按其材质或结构进行分类,如图 2-3 所示。

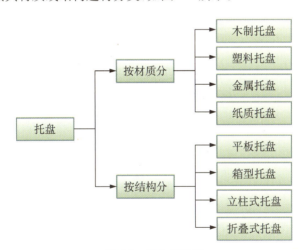

图 2-3 托盘的种类

比较不同材质托盘的特性,见表 2-3。

表 2-3 各种托盘比较表

对比特性	金属托盘	木质托盘	塑料托盘	纸质托盘
环保	优	劣	劣	一般
重量	重	重	较重	轻

续　表

对比特性	金属托盘	木质托盘	塑料托盘	纸质托盘
承载力	大	普通	较大	小
是否需要熏蒸防腐处理	否	是	否	否
远洋运输受潮的可能性	无	有	无	有
价格	较高	低	高	低
适应性	优	差	普通	差
检疫手续及费用	无	需要	无	无
使用寿命及回收难易	长、容易	短、困难	长、不易	短、不易

2. 选择合适的托盘

托盘的选择标准分别是：堆存货品的体积、形状和重量；托盘运输中前端和后端客户使用的托盘类型。

表 2-4 所示的是可供选择的各种托盘的尺寸规格。

表 2-4　托盘的尺寸规格表

托盘系列	托盘尺寸规格
1200 系列	1200 mm×800 mm（欧洲规格、国标标准托盘）、1200 mm×1000 mm（国标标准托盘、优先推荐）、1200 mm×1600 mm、1200 mm×1800 mm
1100 系列	1100 mm×800 mm、1100 mm×900 mm、1100 mm×1000 mm、1100 mm×1100 mm（亚洲规格、国标标准托盘）
1000 系列	1000 mm×800 mm、1000 mm×1000 mm
其他系列	1219 mm×1016 mm（美国规格）、1140 mm×1140 mm

步骤 3：选择装卸搬运工具——叉车

1. 认识叉车

叉车（forklift truck）作为一种常见的装卸搬运工具，又称铲车或叉式取货机，广泛运用于车站、港口、机场、仓库、货场、流通中心和配送中心等，是机械化装卸、堆垛和短距离运输的高效设备。叉车以货叉为主要的取货装置，依靠液压起升机升降货物，以轮胎式行驶系统实现货物的装卸、搬运和堆码作业。叉车除了使用货叉以外，还可以更换不同取货装置以适应多种货物的装卸、搬运和堆垛作业。

2. 了解叉车的分类

叉车按动力可以分为电动叉车（或电瓶叉车）、内燃动力叉车；按结构特点可以分为平衡重式叉车、侧插式叉车、插腿式叉车、前移式叉车、拣选车等。具体类型见表 2-5。

表 2-5　各种类型的叉车

按动力分类	

电动叉车	内燃动力叉车
按结构特点分类	

平衡重式叉车	侧插式叉车

插腿式叉车	前移式叉车	拣选车

电动叉车采用电力驱动，与内燃叉车相比，具有无污染、易操作、节能高等优点。随着经济的发展和环保、节能要求的提高，电动叉车的应用越来越广泛，因此本书主要针对电动叉车进行介绍。

3. 熟悉电动叉车

电动叉车的各部件及操纵机构、仪表面板分别如图2-4至图2-6所示。

图 2-4　电动叉车各部件示意图

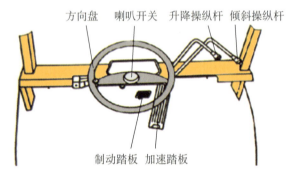

图 2-5　电动叉车操纵机构图

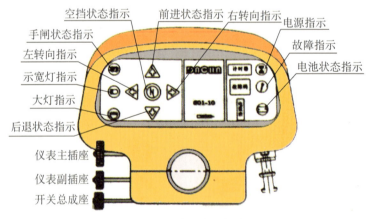

图 2-6　电动叉车仪表面板布置图

步骤 4：选择液压托盘车

手动液压托盘车，俗称地牛，是最常用的装卸搬运设备之一，广泛应用于仓库、工厂、医院、学校、商场、机场等，如图2-7所示。

模块二 仓储规划

图 2-7 液压托盘车

【技能训练】

训练任务1：请写出图 2-8 和 2-9 中各部件的名称

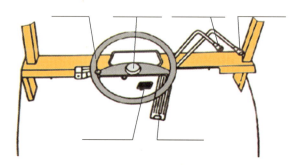

图 2-8 叉车操纵机构图

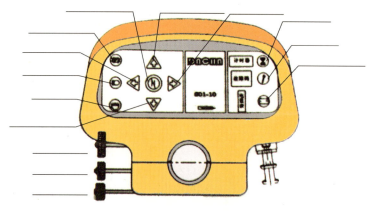

图 2-9 叉车仪表面板布置图

训练任务2：液压托盘车训练

请你在老师的指导下，按指定路线（如图 2-10 所示）在 4 分钟内完成 2 个托盘（1 个载货，1

个载水杯)的搬运,搬运过程按课程要求绕过障碍物,货物/水杯不得倾倒。液压托盘车训练可参照如图 2-11 所示的步骤进行。

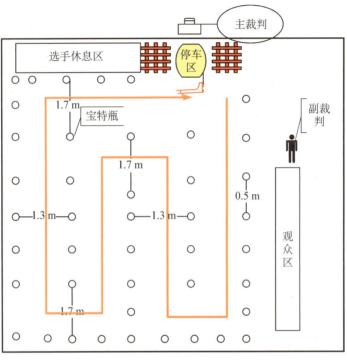

图 2-10　训练场地路线示意图

第7步：赛道行驶

第8步：载水杯托盘归位

第9步：托盘车归位

图 2-11　液压托盘车训练过程图解

训练任务 3：团队课题

请通过"上网查询＋团队协作"的方式，以项目组为单位，从以下备选课题中任选一个，完成课题任务并制作 PPT，PPT 要求图文并茂。制作完成后，每个项目组派一名代表上台讲解。

备选课题一：结合所学，比较各种货架的优缺点、性价比。

备选课题二：结合所学，了解常用装卸搬运工具的品牌、价格、操作和维护。

任务三　仓库货位规划

【任务展示】

晋职物流公司根据明鸿科技公司储存货物的类型，定制了 10 排托盘货架，每排货架有 4 层，每层 10 列。如果你是晋职物流公司的仓储部经理，你要如何对仓库货位进行规划呢？

【岗前培训】

培训要点 1：了解货位规划与货位管理

货位规划是指根据商品的形状、大小、体积、重量等，考虑堆垛的操作，结合仓库场地的具体情况，规划好各个货位的分布或货架的设置。货位规划的要领是：便于收发货，便于检查及装卸车，便于稳固堆垛、安全储存，要尽量紧凑同时又留出宽度适当的通道，既利于提高仓容利用率，又利于搬运和行走。

货位管理是指对仓库存放物资的货位进行的规划、分配、使用、调整等工作。货位管理是一种运作思想，以仓库自有的定义标准，统一不同货品的属性，可以摆脱对人员操作熟练度的过度依赖，提高出入库的及时性与准确性，提高盘点的效率，以此提高仓库工作效率。

培训要点 2：货位管理单据有哪些

货位管理单据包括入库货位分配单、货位调拨单、出库货位分配单、货位分布表。

通过货位单据,可统计物流单据的商品的货位分布情况,查询关联的物流单据。也可以通过所有物流单据查询货位单据,并且支持一个仓库中货位之间的调拨,统计商品在仓库中的具体位置。

【任务执行】

步骤1:确定货架布局

货架的布局形式一般采用垂直式布置,即货垛或货架的排列与仓库的侧墙互相垂直或平行,具体形式包括横列式布局、纵列式布局和混合式布局。

1. 横列式布局

横列式布局是指货垛或货架的长度方向与仓库长度方向的侧墙相互垂直,如图2-12所示。

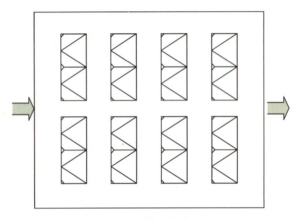

图2-12 横列式布局

2. 纵列式布局

纵列式布局是指货垛或货架的长度方向与仓库长度方向的侧墙平行,如图2-13所示。

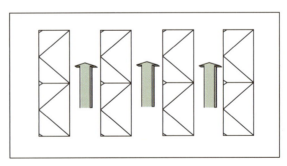

图2-13 纵列式布局

3. 混合式布局

混合式布局也称纵横式布局,是指在同一个保管场所内,横列式布局和纵列式兼而有之,这种布局综合利用上述两种仓库的优点,如图2-14所示。

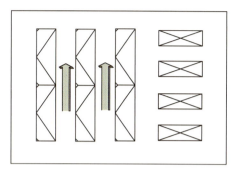

图 2-14 混合式布局

三种布局的优缺点对比,见表 2-6。

表 2-6 三种布局的优缺点对比表

布局类型	优 点	不 足
横列式布局	1)主通道长且宽,副通道整齐美观; 2)便于货物的存取和查点; 3)有利于机械化作业; 4)有利于通风和采光	1)主通道占用面积多; 2)仓库的面积利用率减少
纵列式布局	1)可以根据货物在库时间的不同和进出频率程度安排货位; 2)仓库平面利用率较高	1)存取货物不方便; 2)对于通风采光不利
混合式布局	这种布局综合了上述两种仓库的优点	无

步骤2:进行货位编码

货位编码的方法有很多种,可以根据不同的情况进行不同的编码。常见的货位编码的方法有下列四种:

1. 区段法

把保管区域分割几个区段,再对每个区段进行编码。

2. 品项群别法

把一些相关性货品经过集合以后,区分成好几个品项群,再对每个品项群进行编码。如:服饰群、五金群、食品群等。

3. 坐标式法

坐标式法是指利用空间坐标对储位进行编码的方式。此种编排方式由于其对每个储位定位切割细小,管理较为复杂,对于流通率很小,比较适用需要长时间存放的货品。

4. 地址法

利用保管区域中现成的参考单位,例如:建筑物的栋、区段、排、行、层、格等,依照其相关顺序来进行编码,如同地址的几段、几巷、几弄、几号一样。常用的是四号定位法(库房号-货架号-货架层号-货架位号),如:货位编码 02-08-03-05 表示存放在第2库房第8货架第3层第5位,如图 2-20 所示。

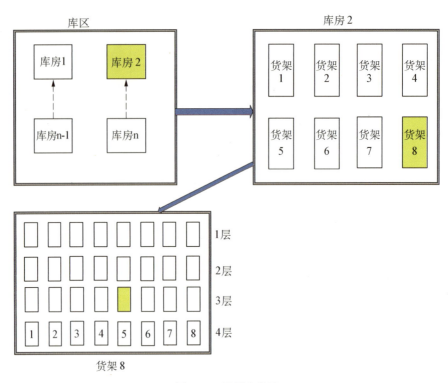

图 2-15 四号定位法

步骤 3：安装条码打印机

完成货位编码后，要使用条码打印机打印货位条码，在相应货位进行粘贴。条码打印机的外观和基本组成如图 2-16 所示。

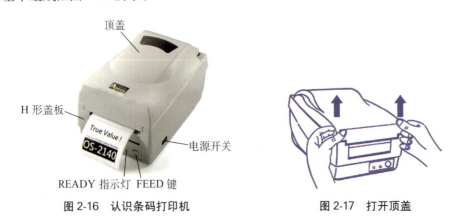

图 2-16 认识条码打印机　　　　图 2-17 打开顶盖

1. **安装条码打印机碳带**

① 打开打印机顶盖，露出纸卷仓，如图 2-17 所示。

② 按下打印机两侧的闭锁卡条，松开打印头模组，如图 2-18 所示。

③ 翻转打印头模组，露出碳带供应端，如图 2-19 所示。

④ 打开碳带卷，把碳带卷和空卷芯拆开。

⑤ 将碳带的一端少量地卷到空卷芯上。

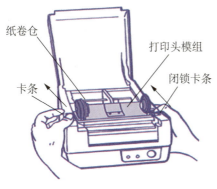
图 2-18　松开打印头模组

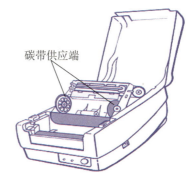
图 2-19　找到碳带供应端

⑥ 将碳带卷卡入碳带供应端（首先把碳带左端卡入供应端，然后再压入右端），如图 2-20 所示。

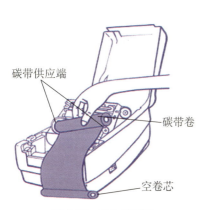
图 2-20　装入碳带卷

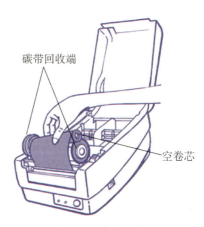
图 2-21　卡入空卷芯

⑦ 翻下打印头模组，然后将空卷芯卡入碳带回收端（先把碳带左端卡入供应端，然后再压入右端），如图 2-21 所示。
⑧ 转动打印头模组的滚轮以确定碳带已经卷紧，如图 2-22 所示。
⑨ 按紧打印头模组直到听到"咔"的一声，如图 2-23 所示。

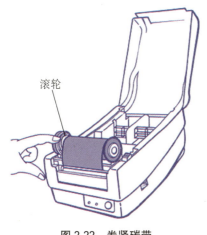
图 2-22　卷紧碳带

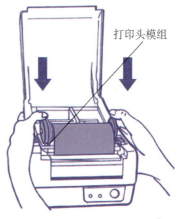
图 2-23　按紧打印头模组

2. 安装条形码打印机纸卷

① 打开顶盖，露出纸卷仓。
② 取出纸卷托架，如图2-24所示。

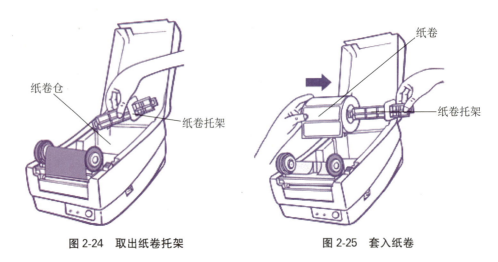

图2-24　取出纸卷托架　　　　图2-25　套入纸卷

③ 把纸卷从左边套入纸卷托架，如图2-25所示。
④ 把纸卷托架连同纸卷一起放回纸卷仓，如图2-26所示。

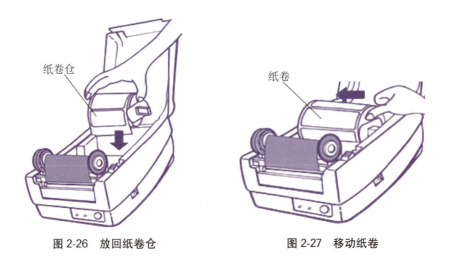

图2-26　放回纸卷仓　　　　图2-27　移动纸卷

⑤ 将纸卷移到左边，如图2-27所示。
⑥ 使挡板向左靠紧纸卷，如图2-28所示。
⑦ 松开打印头模组。
⑧ 一手托住打印头模组，使标签穿过。另一只手同时从标签导槽中拉出标签，如图2-29所示。
⑨ 让标签从滚轴上方穿过。
⑩ 盖回打印头模组，并向下按紧直到听到"咔"的一声，如图2-30所示。
⑪ 合上顶盖，打开电源开关，若打印机电源已接通，直接按下FEED键，如图2-31所示。

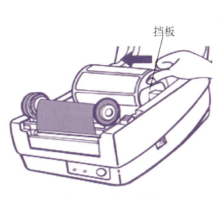

图 2-28　靠住挡板

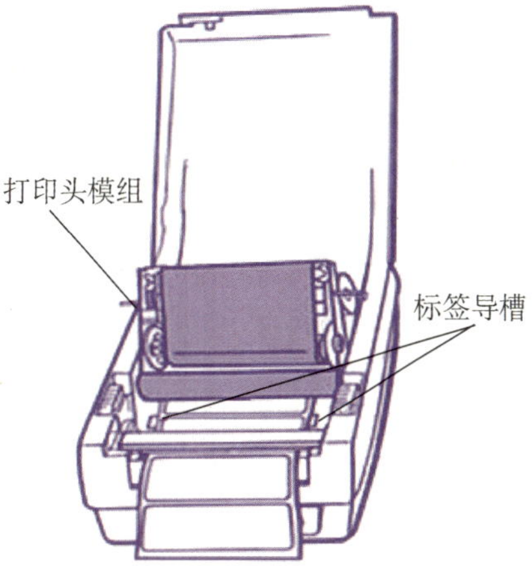

图 2-29　拉出标签

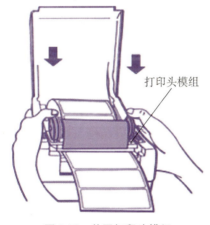

图 2-30　盖回打印头模组

图 2-31　准备使用

步骤 4：使用条码软件 BarTender 设计条码并打印

① 首先打开 BarTender 条码设计软件，新建一个空白标签，如图 2-32、图 2-33 所示。

图 2-32　打开新建向导

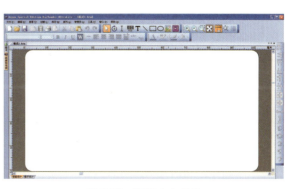

图 2-33　新建空白标签

② 将一个条形码拉到设计区域，如图 2-34 所示。

图 2-34　将条形码拖入设计区域

③ 双击设计区域的条形码，弹出"修改所选条形码对象"对话框，在"屏幕数据"框中输入条形码数据，完成后点击"确定"，如图 2-35 所示。

图 2-35　修改条形码数据　　　　　　　图 2-36　打印设置

④ 确定打印设置，如图 2-36 所示，然后点击"打印"按钮，打印条形码。

步骤 5：粘贴货位条码

将打印好的条码粘贴到货架上，要注意高度合理、纸面平整，以利于扫描设备进行扫描。

【技能训练】

训练任务 1：使用 Visio 软件绘制货架布局图

请用 Office Visio 软件画出如图 2-37 所示的货架布局图。

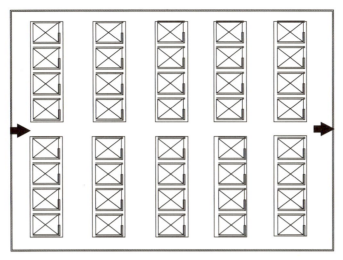

图 2-37　货架布局图

训练任务 2：完成货位编码表的填写

请用"四号定位法"完成下面的货位编码表（见表 2-7），说出以下每一组编码的意义。

表 2-7　货位编码表

01010101		01010301	01010401	01020101	01020201	01020301	01020401
01010102	01010202				01020202	01020302	01020402
01010103	01010203		01010403	01020103		01020303	
01010104		01010304	01010404	01020104	01020204		01020404
	01010205	01010305		01020105	01020205	01020305	
01010106		01010306	01010406		01020206		01020406
01010107	01010207		01010407	01020107		01020307	01020407
	01010208	01010308			01020208	01020308	
01010109	01010209			01020109		01020309	01020409
01010110		01010310	01010410	01020110	01020210		01020410

训练任务 3：使用条码打印机打印货位编码

请使用条码打印机及条码软件编写并打印"训练任务 2"的货位编码；条码专用纸规格：宽度 10 厘米，高度 7 厘米。

任务四　仓库货物编码

【任务展示】

晋职物流公司根据明鸿科技公司的货物情况，需要编制一套货物代码，具体货物明细见表

2-8 所示,如果你是晋职物流公司的仓储部经理,你打算如何编制这套货物编码呢?

表 2-8 货物明细表

序号	货物名称	规格型号
1	格力空调	KFR－32GW/K(32556)D1－N1
2	格力空调	KFR－35GW/(35550)FNAa－3
3	格力空调	KFR－72LW/(72566)Aa－3
4	格力空调	KFR－50LW/(50561)FNAa－3
5	美的冰箱	BCD－555WKM
6	美的冰箱	BCD－210TSM
7	美的冰箱	BCD－216TSM
8	美的冰箱	BCD－196GMZ
9	SONY 液晶电视	KDL－46EX520
10	SONY 液晶电视	KDL－46CX520
11	联想机箱	T350
12	联想液晶显示屏	LXH－GJ17L3
13	联想键盘	LXH－SX9290
14	飞利浦剃须刀	HQ912
15	飞利浦剃须刀	HQ7310
16	苹果手机	iPhone 4
17	苹果手机	iPhone 4S(16GB)
18	苹果手机	iPhone 5(16GB)
19	诺基亚	C5－03
20	诺基亚	N8

【岗前培训】

培训要点1:了解货物编码和商品条码

货物编码是指对货物按分类内容进行排序,并用简明的文字、符号或数字来标注货物的类别、品种、规格等信息,便于人们借助代码进行手工方式或计算机方式的货物信息检索和查询。货物编码是物流信息系统正常运转的前提。

商品条码是指由一组按一定规则排列的条、空及对应字符(阿拉伯数字)所组成的,用于表示商店自动销售管理系统的信息标记,或者对商品分类编码进行表示的标记。商品条码是实现商业现代化的基础,是商品进入超市、POS机扫描的通行证。商品条码一般会印在商品包装上,或制成条码标签附在商品上。

培训要点 2:货物编码的原则

唯一性:编码结构必须保证每个编码对象仅有唯一的一组编码。
可扩性:在编码结构体系中应留有足够的备用码。
简明性:尽可能使编码的长度最短,这样便于手工处理时降低差错率,也能减少计算机的处理时间和存储空间。
稳定性:编码必须稳定,不宜频繁改动,否则将造成人力、物力、财力的浪费。
层次性:编码要层次清晰,能反映商品的分类关系和分类目录内部固有的逻辑关系。
易处理性:商品编码要具有检测差错的自身核对性能,以适应计算机处理的需要。

培训要点 3:EAN13 条码简介

EAN13 条码由前缀码、厂商识别码、商品项目代码和校验码组成,如图 2-38 所示。前缀码是国际 EAN 组织标识各会员组织的代码,如:前缀码为 690、691 或 692 即表示产地为中国;厂商代码是 EAN 编码组织在 EAN 分配的前缀码的基础上分配给厂商的代码;商品项目代码由厂商自行编码;校验码为了校验代码的正确性。

图 2-38　EAN13 码

培训要点 4:条码校验码的算法

① 从代码位置序号 2 开始,所有偶数位的数字代码求和为 A。
② 将上步中的 A 乘以 3 为 A1。
③ 所有奇数位的数字代码求和为 B。
④ 将 A1 和 B 相加为 C。
⑤ 取 C 的个位数 D。
⑥ 用 10 减去 D 即为校验位数值。

例如:对于某商品的条码 690101048101(其中 690 为前缀码;1010 为厂商识别码;48101 为商品项目代码。)

计算该条码校验码的方法见表 2-9:

表 2-9　列表计算校验码

	数据码												校验码
代码位置序号	13	12	11	10	9	8	7	6	5	4	3	2	5
数字码	6	9	0	1	0	1	0	4	8	1	0	1	
偶数位		9	+	1	+	1	+	4	+	1	+	1	
奇数位	6	+	0	+	0	+	0	+	8	+	0		

① A = 9+1+1+4+1+1 = 17;② A1 = 17×3 = 51;③ B = 6+0+0+0+8+0 = 14;④ C = 51+14 = 65;
⑤ D = 5;⑥ 10−5 = 5,校验码为 5。

得出该商品完整的条码为 6901010481015。

【任务执行】

步骤1：确定货物编码的方法

货物编码的方法包括数字法、实际意义编码法、暗示编码法、流水编码法、分组编码法、后数编码法、部位结构编码法等。以下主要介绍数字法、实际意义编码法、暗示编码法三种常用编码方法的应用。

1. 数字法

编码范例：1-毛巾，2-肥皂，3-洗涤剂

编码解读：1.1为白色毛巾，1.2为蓝色毛巾，1.3为花色毛巾。

2. 实际意义编码法

编码范例：FO 5711 B3－20

编码解读：FO代表货物属于食品类(food)；5711表示尺寸5×7×11；B3表示B区第3排货架；20表示有效期为20天。

3. 暗示编码法

编码范例：BY 24 BM 07

编码解读：BY表示货物是自行车(bicycle)；24表示车轮半径为24CM；B表示蓝色(blue)，M男式(man)；07表示供应商代号。

步骤2：进行货物编码

考虑到货物编码的易读性，以下使用数字法为明鸿公司的货物进行货物编码（填入表2-11）。货物编码规则已经提前设定好了，详见表2-10。

表2-10 货物编码的编码规则

项目	名称	代码	位置(左起)	位数
客户	晋江市明鸿科技有限公司	1	第一位	1
次级类别	家电	01	第二、三位	2
次级类别	电脑产品	02	第二、三位	2
次级类别	小家电	03	第二、三位	2
次级类别	手机产品	04	第二、三位	2
明细	商品名称及型号	000	第四、五、六位	3

表2-11 货物编码一览表

序号	货物名称	规格型号	货物编码
1	格力空调	KFR－32GW/K(32556)D1－N1	
2	格力空调	KFR－35GW/(35550)FNAa－3	
3	格力空调	KFR－72LW/(72566)Aa－3	
4	格力空调	KFR－50LW/(50561)FNAa－3	

续 表

序号	货物名称	规格型号	货物编码
5	美的冰箱	BCD-555WKM	
6	美的冰箱	BCD-210TSM	
7	美的冰箱	BCD-216TSM	
8	美的冰箱	BCD-196GMZ	
9	SONY液晶电视	KDL-46EX520	
10	SONY液晶电视	KDL-46CX520	
11	联想机箱	T350	
12	联想液晶显示屏	LXH-GJ17L3	
13	联想键盘	LXH-SX9290	
14	飞利浦剃须刀	HQ912	
15	飞利浦剃须刀	HQ7310	
16	苹果手机	iPhone 4	
17	苹果手机	iPhone 4S(16GB)	
18	苹果手机	iPhone 5(16GB)	
19	诺基亚	C5-03	
20	诺基亚	N8	

步骤3:打印货物条码

完成货物编码后,利用条码打印机将编好的条码进行打印。

步骤4:粘贴货物条码

将打印好的条码粘贴到货物上,要注意高度合适、条码平整,以利于RF扫描,如图2-39所示。

图2-39 粘贴货物条码

【技能训练】

训练任务:打印、粘贴货物条码

请使用条码打印机及条码软件编辑、打印条码并将打印完成的货物条码粘贴到给定的包装箱上。具体信息如下:

货物名称:统一阿萨姆奶茶;货物条码:6925303730574;条码专用纸规格:宽度10厘米,高度7厘米。

模块三 入库作业

货物的入库作业是仓储业务的开始，一般包括核对入库凭证、货物验收、装卸搬运、入库上架及办理入库手续等一系列作业环节。入库作业直接影响到后续在库作业以及物流客户服务。综合考虑影响入库作业的各项因素，将会提高入库作业效率。

任务一 入库准备

【任务展示】

晋职物流公司客服部收到晋江明鸿科技有限公司发来的入库通知单，称明鸿科技公司将有一批产品需要入库，请晋职物流做好准备，传真具体内容如图3-1所示。作为晋职物流公司的仓管员，你要做哪些入库前的准备呢？

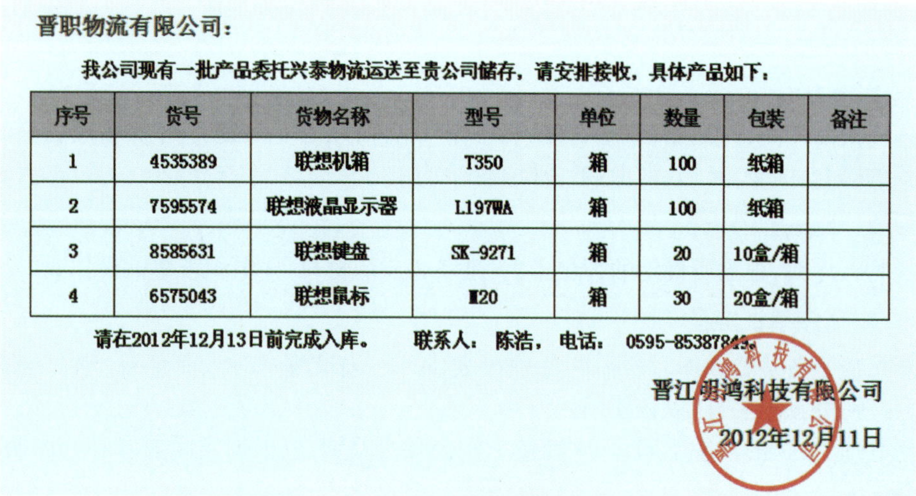

晋职物流有限公司：

我公司现有一批产品委托兴泰物流运送至贵公司储存，请安排接收，具体产品如下：

序号	货号	货物名称	型号	单位	数量	包装	备注
1	4535389	联想机箱	T350	箱	100	纸箱	
2	7595574	联想液晶显示器	L197WA	箱	100	纸箱	
3	8585631	联想键盘	SK-9271	箱	20	10盒/箱	
4	6575043	联想鼠标	M20	箱	30	20盒/箱	

请在2012年12月13日前完成入库。 联系人：陈浩， 电话：0595-85387843

晋江明鸿科技有限公司
2012年12月11日

图3-1 入库通知单

【岗前培训】

培训要点1：影响入库作业的因素有哪些

① **供应商的送货方式**：直接影响入库作业的组织和计划。
② **商品的种类、特性和数量**：影响入库作业的重要因素之一。
③ **人力资源**：人力资源包括员工的技术素质、工作时间、工作时间的合理调配、高峰期的

作业组织等。

④ 仓储设施设备:叉车、传送带、货架储位的可用性等要加以综合考虑。

⑤ 存货方式:要考虑商品在仓库期间的作业状态、是否需要拆箱、再包装工作等。

培训要点 2:为什么要做好入库准备工作

做好货物入库前的准备工作,可以保证商品准备、迅速、安全入库;可以防止由于突然到货而造成忙乱,以至于拖延入库时间。

【任务执行】

步骤 1:制定仓储计划

仓库业务部门根据货物、仓库、人员、设备等情况制定仓储计划,并将任务下达到各相应的作业单位和管理部门。

步骤 2:组织人力

按照货物到达的时间、地点、数量等,预先做好到货接运、装卸搬运、检验、堆码等人力方面的组织安排。

步骤 3:准备物力

根据入库货物的种类、包装、数量等情况及接运方式,确定搬运、检验、计量等方法,配备好所用车辆、检验器材、度量器和装卸、搬运、堆码、苫垫的工具,以及必要的防护用品用具等。

步骤 4:安排仓位

按入库商品的品种、性能、数量、存放时间等,结合商品的堆码要求,核算占用仓位的面积,进行必要的腾仓、清场、打扫、消毒,准备好验收的场地等。

步骤 5:准备苫垫用品

在货物入库前,根据所确定的苫垫方案,准备相应的材料,并组织苫垫铺设作业。

步骤 6:文件单证准备

仓管员应准备货物入库时所需的各种报表、单证、记录簿,如:入库记录、理货检验单、料卡、残损单等,并预填妥善,以备使用。

由于仓库、货物的性质不同,入库准备工作会有所差别,应根据实际要求和仓库制度做好充分准备。

【技能训练】

训练任务:准备货物入库

请根据如图 3-2 所示的入库通知单制作相应的入库单,并谈谈要完成本次入库作业应该做哪些准备工作。

模块三 入库作业

晋职物流公司：

我公司现有一批货物将委托鸿达物流运送至贵司储存，请安排接收。产品情况如下：

序号	品名	规格	单位	数量	包装	备注
1	统一方便面	120g	袋	1000	30袋/箱	
2	雕牌洗衣粉	40g	块	1500	50块/箱	
3	两面针牙膏	200g	支	500	100支/箱	

请在2012年12月13日前完成入库作业。联系人：王涛，联系电话：0595-85395123。

晋江市大润发超市
2012年12月11日

图 3-2 入库通知单

任务二　货物接运

【任务展示】

完成入库准备工作后，接下来就是货物的接运了。作为晋职物流公司的仓储人员，以下是你要为货物接运完成的任务：第一，做好相应的接车卸货准备；第二，完成货物接运任务；第三，填写货物接运的相关表单。

【岗前培训】

培训要点1：什么是货物接运

货物经过铁路、水运、空运、公路等运输方式运达至仓库。经过交通运输部门转运的货物，均需经过仓库的接运流程后，才能进行入库验收。因此货物接运是入库的第一道作业环节。货物接运的主要任务是及时而准确地从交通运输部门提取货物，包括接运前的准备、初验、接运过程中的各种作业和交接等环节。货物接运是仓库的外部交接环节，主要由接运员以及配合作业的人员完成。

培训要点2：什么是货物接收

货物接收是指仓管员从接运员手中接收商品，是仓库内部的交接环节，主要由保管员完成。货物接收的程序是：接收单证、核对、检查、签单和暂存待验。

培训要点3：货物接运的方式有哪几种

接运可在车站、码头、专用线或仓库进行，接运方式包括专用线接运、码头提货、车站提货和仓库自行提货四种，如图 3-3 所示。当采用的是提货方式时，仓库还要组织库外运输。

专用线接运

码头提货

车站提货

仓库自行提货

图 3-3　货物接运的方式

培训要点 4：安排接货人员与设备需要考虑的因素

安排接货人员与设备不能单纯按照收到接运通知单的顺序依次接货，而应该综合考虑以下三个因素合理安排接货顺序。

① **商品的紧急程度**：对于生产急需、周转速度快、库存量很少的商品，仓库管理人员应该优先安排接货。

② **商品在承运单位的保存期限**：承运单位发出接运通知后，在一定时期（铁路、公路运输一般都为 3 天）内，可以对商品进行免费保存。仓管员在安排接货时间时，可以根据承运单位免费保管期的长短及超过免费保管期后的存储费用，合理安排接货时间。

③ **仓库人力、物力资源**：必须充分考虑仓库自身的人力、物力资源，合理规划，统筹安排接货工作。

【任务执行】

任务 1：到车站、码头提货

具体操作步骤如下：
① 了解货物情况，做好各项准备。
② 提货时，认真核对各种资料。
③ 短途转运中，注意货物安全。

④ 货物到库,办理货物的内部交接手续。

任务 2:专用线接车

具体操作步骤如下:
① 做好接车卸货的准备工作。
② 车皮到达后的检查。
③ 遵循"安全、快速、准确、方便"的原则进行卸车作业。
④ 卸货后的清理工作。
⑤ 填写到货台账,办理内部交接。
⑥ 货物卸完后的"排空"作业。

任务 3:仓库自行提货

具体操作步骤如下:
① 接货准备。
② 前往供货单位。
③ 协助现场检查。
④ 办理接货手续。
⑤ 监督装卸、运回货物。
⑥ 协助质量复检。
⑦ 办理入库手续。

【技能训练】

训练任务:接运到库货物

完成一次承运单位送货到库的接运工作。
工作地点:校外实习基地;使用设备:纸笔、单位公章、通信工具(如:电话)。

任务三 入库验收

【任务展示】

2012 年 12 月 13 日上午,兴泰物流将明鸿科技公司委托运送的货物送到晋职物流公司的仓库,送货单如表 3-1 所示。作为这批货物的验收员,你需要完成以下任务:第一,完成入库交接单据的核对;第二,完成入库前的验收作业;第三,完成入库单据的签收。

表 3-1 送货单

送货单号:20121213001
送货日期:2012 年 12 月 13 日

客户名称:晋江明鸿科技有限公司

序号	货号	货物名称	型号	单位	包装	数量	备注
1	4535389	联想机箱	T350	箱	纸箱	100	
2	7595574	联想液晶显示器	L197WA	箱	纸箱	100	

续 表

序号	货号	货物名称	型号	单位	包装	数量	备注
3	8585631	联想键盘	SK-9271	箱	10盒/箱	20	
4	6575043	联想鼠标	M20	箱	20盒/箱	30	
			合计			250	

送货人签字：　　　　　　　　　　　收货人签字：

【岗前培训】

培训要点1：什么是验收作业

验收作业是指仓库内部负责接收货物，并检验到货数量与质量的作业环节。

培训要点2：入库验收的作用

1. 入库验收为商品保管和使用提供可靠依据

各种到库商品来源复杂、渠道繁多，从结束其生产过程到进入仓库前，再经过一系列储运环节，会受到储运质量和其他各种外界因素的影响，其质量和数量可能发生某种程度的变化。因而必须在货物入库前对其进行验收，这样既能避免不合格货物流进流通和生产领域，也能在保管中有的放矢地采取措施，为客户提供完好的货物。

2. 检验记录是货主退货、换货和索赔的依据

若货物入库时没有经过严格的检验，或没有作出严格的检验记录，直到保管过程中，甚至在发货时才发现问题，就会使责任不清，丧失索赔权，也给企业带来不必要的经济损失。

3. 验收可以分清责任，避免日后法律纠纷

入库代表着物权的转移。仓储服务提供商要对在库货物承担法律责任，通过验收可以分清责任，避免日后出现纠纷。

4. 检验是避免商品积压、减少经济损失的重要手段

保管不合格品，是一种无效的劳动。对于一批不合格商品，如果不经过检查验收，就按合格商品入库，必然会造成商品积压；对于计重商品，如果不进行检斤验数，就按有关单据的供货数量付款，一旦实际数量不足，必然会造成企业的经济损失。

5. 检验有利于维护国家利益

自从加入WTO之后，我国经济与世界经济的联系更加紧密，进口物品的数量和品种不断增加，进口物品的产地等情况更为复杂，因此必须依据进口货物检验工作的程序与制度，严格认真地做好检验工作。否则如果进口产品出现问题不能及时发现，错过索赔期，就会给国家经济造成损失。

培训要点3：入库验收作业的操作流程

入库验收作业的操作流程一般包括：验收准备、核对单据、检查货物和签收单据，如图3-4所示。

培训要点4：入库验收的基本内容

入库验收的基本内容包括数量验收、质量验收和包装验收。

验收准备　　核对单据　　检查货物　　签收单据

图 3-4　入库验收作业的操作流程图

1. 数量验收

保证商品数量的准确是仓储工作的基本要求，也是验收的基本项目。仓库常用的数量验收方法主要有以下几种。

① **点件复衡法**：对按标准重量包装的商品，先点清件数，再过磅验收重量。

② **整车复衡法**：对无包装或散装商品，装车后整车过磅，进行全部数量的验收（如图 3-5 所示）。

图 3-5　整车复衡法

③ **理论换算法**：对定尺*的金属材料进行检尺丈量，再按理论重量换算为验收重量。

④ **点件查数法**：对按件、台、只为计量单位的商品进行逐件、逐台、逐只清点后再汇总数量。

⑤ **除皮核实法**：核实皮重、毛重，除皮求净后验收入库。

2. 质量验收

质量验收是指根据仓储合同对到库商品进行质量验收，看其是否符合合同中商品质量指标的规定。若合同无规定，则按照商品的特性和经营惯例来确定验收内容。

仓库常用的质量验收方法主要有以下几种。

① **感官检验**：用眼观察商品的状态、颜色、结构等表面状态，检查有无变形、破损、脱落、变色、结块等损害情况，以判定质量。

---

* 注：定尺是指由产品标准规定的钢坯和成品钢材的特定长度。例如，按定尺生产钢材，能有效地节约金属，便于组织生产，充分利用设备能力，简化包装，方便运输。不同的国家对钢材定尺长度都有专门的规定。钢材定尺方法随生产规模、机械化自动化程度、钢材品种不同而不同。

② 测试仪器检验：利用各种专用测试仪器进行商品性质测定，如：含水量、化学成分、光谱等的测试。

③ 运行检验：对商品进行运行操作，如：检验电器、车辆的操作功能等。

3. 包装验收

仓库主要是对商品的外包装进行检验，通常是在初验时进行的，检验包装有无被撬、破损、污损、未封箱、水渍等不良情况。若货品出错，多数情况也能通过包装验收发现。同时，还要检查包装是否符合有关标准要求，如：包装材料的干湿度（包装的含水量是影响商品保管质量的重要指标，一些包装物含水量高表明商品可能已经受损害，需要做进一步检查）、制作工艺、标识（如图 3-6 所示）、打包方式等。

图 3-6　包装标识

培训要点 5：如何处理验收过程中出现的异常

在货物入库验收过程中，如果出现有异常情况，应按以下步骤进行处理。

① 发现问题，现场拍照留取证据。

② 通报货主，及时进行沟通协调。

③ 拒绝签收，暂时封存货物。

④ 汇报部门主管，等待处理。

⑤ 根据部门主管及货主意见进行异常处理，如：让步接收或拒收。

> 小贴士　　　　　　　让步接收（accept on deviation）
>
> 让步接收是指企业在保证基本质量的情况下，对产品的部分缺陷有限度、有评审的接收。可细分为以下几个方面：降级使用、挑选使用、返工使用等。一般来讲，让步接收是需要代价的：降级等于产品差个档次，就要降价；挑选要有检验的人工费；返工要有返工的费用。一般索赔的费用在合同或质量协议中会有规定。

【任务执行】

步骤 1：验收准备

为保证验收工作及时、准确地完成，提高验收效率，减少劳动消耗，验收员在接到入库通知后,首先应该根据到货商品的特性,做好验收前的准备工作:人员准备、资料准备、货位准备、器具准备和设备准备,如图3-7所示。

人员准备

资料准备

货位准备

器具准备

设备准备

图 3-7　验收准备

步骤2:核对单证

在货物送达后,验收员必须核对货运司机提交的送货单(表3-1)和之前发来的入库通知单(图3-1),确认货物名称、规格及型号、数量和包装等内容是否一致,如果单据中显示货品信息无误,就可以开始核对入库货品了。

> 小贴士　　　　　　　　　入库商品应具备的凭证
> ① 入库通知单和合同副本。
> ② 供货单位提供的材质证明书、装箱单、磅码单和发货明细表等。
> ③ 商品承运单位提供的运单(若商品在入库前发现残损情况,必须有承运单位提供的货运记录,以此作为向责任方交涉的依据)。

步骤3:检查货物

作为验收人员,你在检验货品时,要注意以下几点。
① 入库验收有数量验收、质量验收、包装验收三个基本内容。
② 有特殊检验要求的货物,一般都有"倾斜"、"冲击"等专用标志,必须认真检验这些标志是否发生了变化。如:冰箱在搬运时不允许倒置。
③ 如果合同中明确规定需要抽验或开箱检查的货品,必须按照规定抽验或开箱检查,以确认货物的品种、规格、生产日期、质量等是否符合要求。一般抽验比例为5%～15%。抽检中一旦发现问题,应扩大抽验比例,甚至全验。

> **小贴士** 　　　　　　　　　　　**允许磅差**
>
> 　　金属制品在验收过程中允许有磅差,具体情况如表3-2所示:
>
> **表3-2　金属制品的允许磅差**
>
> | 品种 | 有色金属 | 钢铁制品 | 钢材 | 生铁、废钢 | 贵金属 |
> |---|---|---|---|---|---|
> | 允许磅差率 | ±1% | ±2% | ±3% | ±5% | ±0% |

　　(4)验收时如果发现货物有污损、破损、错误货品、未封箱等情况,入库验收时要拒收,并在入库验收单(见表3-3)中注明:"污损××箱、破损××箱、错误货品××箱、未封箱××箱",没有的情况则不需注明。检查无误后,由质检员签字确认,仓库主管审核并签字。

表3-3　入库验收单

供应商:晋江明鸿科技有限公司　　　　　　　　　　　运单号:20121213001
　　　　　　　　　　　　　　　　　　　　　　　　到货日期:2012年12月13日

序号	货号	货物名称	型号	单位	应收数量	实收数量	检验情况	备注
1	4535389	联想机箱	T350	箱	100	98	污损2箱	
2	7595574	联想液晶显示器	L197WA	箱	100	95	破损5箱	
3	8585631	联想键盘	SK－9271	箱	20	20	良好	
4	6575043	联想鼠标	M20	箱	30	29	错误货品1箱	
检验结果				合格:242箱		让步接收:无	拒收:8箱	

质检员:　　　　　　　　　　　　　　　　　仓库主管:

> **小贴士** 　　　　　　**无线手持终端(即RF)验收作业程序**
>
> 　　①RF验收准备:领取RF终端和备用电池,检查登录账号是否正常。
> 　　②RF验收:按照RF终端设备的使用方法,逐个扫描托盘货物条码,并输入货物生产日期,核对收货数量、规格等信息。

步骤4:签收单据

　　按照上述步骤完成并确认验收无误后,验收人员在送货单(见表3-4)上的"备注栏"填写拒收原因,并在"收货人签字"一栏签名确认。这样就完成了这批货物的入库交接工作,并将货物放置在入库暂存区。

表 3-4 送货单

送货单号:20121213001
客户名称:晋江明鸿科技有限公司　　　　　　　　　　送货日期:2012 年 12 月 13 日

序号	货号	货物名称	型号	单位	包装	数量	备注
1	4535389	联想机箱	T350	箱	纸箱	100	污损2箱,拒收2箱
2	7595574	联想液晶显示器	L197WA	箱	纸箱	100	破损5箱,拒收5箱
3	8585631	联想键盘	SK-9271	箱	10盒/箱	20	
4	6575043	联想鼠标	M20	箱	20盒/箱	30	错误货品1箱,拒收1箱
合计						250	

送货人签字:王磊　　　　　　　　　　　　　　　收货人签字:

 【技能训练】

训练任务:入库验收

如果你是晋职物流公司的一名仓管员,现在捷龙超市有一批商品要入库,收到入库通知单如图 3-8 所示,请你完成如下任务:

① 根据入库通知单制作验收单,并做好其他相关验收准备工作。
② 核对送货单(见表 3-5)与入库通知单。
③ 到收货理货区验收货物,并填写验收单和送货单。
④ 与送货人员(由教师或其他同学扮演)进行交接。(交接用语范例:您好!××产品应收××箱,实收××箱,其中污损××箱、破损××箱、错误货品××箱、未封箱××箱,请您签名确认,谢谢!)

晋职物流有限公司:

我公司现有一批货物将委托天地物流运送至贵司储存,请安排接收。产品情况如下:

序号	品名	产品编号	单位	数量	备注
1	哇哈哈矿泉水	6909876543211	箱	20	
2	康师傅矿泉水	6919878212326	箱	40	

请在2012年12月13日前完成入库作业。联系人:张三,联系电话:0595-85395321。

捷龙超市
2012年12月11日

图 3-8　入库通知单

表3-5 送货单

送货单号:20121213002
送货日期:2012年12月13日
客户名称:捷龙超市

序号	品名	产品编号	单位	数量	备注
1	娃哈哈矿泉水	6909876543211	箱	20	
2	康师傅矿泉水	6919878212326	箱	40	
	合计			60	

送货人签字:李四　　　　　　　　　　　　　收货人签字:

任务四　入库操作

【任务展示】

完成入库验收作业后,接下来就是对货物进行入库作业了,对于入库作业,仓储人员需要完成如下任务:第一,对需要入库的货物进行入库预处理并打印相关单据;第二,进行堆码、理货、搬运、上架等操作;第三,办理入库手续。

【岗前培训】

培训要点1:什么是入库作业

仓库的入库作业是指对验收完毕存放在进货暂存区的货物进行储位分配,以及根据相对应的储位将货物存放到货架上的作业过程。

培训要点2:入库作业的流程

入库作业的流程通常包括:入库信息处理、入库理货、入库上架和办理入库手续,如图3-9所示。

图3-9　入库作业流程

培训要点3:常见的堆码方式

货物常见的堆码方式有:散堆法、货架堆码法和堆垛法,如图3-10所示。

模块三　入库作业

散堆法　　　　　货架堆码法　　　　　堆垛法

图 3-10　常见的堆码方式

在这些货物堆码方式中，又以堆垛法运用最广，常见的堆垛法如图 3-11 所示。

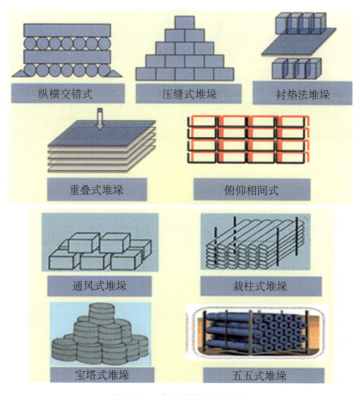

图 3-11　常见的堆垛法图示

在实际堆码时，要根据商品的品种、性质、包装、体积、重量等情况，同时还要依照仓库的具体储存要求和有利于商品的库内管理来确定商品的堆码方式，才能做到科学合理。

培训要点 4：常用的托盘堆码方式

托盘是最常用的一种货品堆放设备，在摆放同一形状的立体包装货品时，可以采取多种交错组合的办法堆码，这可以保证稳定性，减少加固的需要。常用的托盘堆码方式有以下几种。

1. 重叠式堆码

（1）重叠式堆码标准

① 将货品箱平行排列，根据托盘规格决定列数和每列的数量；

· 53 ·

② 堆码过程中按先远后近的原则堆码；
③ 将底层的货品箱堆码整齐，箱与箱之间不留空隙；
④ 箱与箱的交接面为正面与正面衔接，侧面与侧面衔接；
⑤ 逐层堆叠码放，层与层之间的箱相互平行，货品箱四个角边重叠，方向相同，直到堆码完成。

（2）重叠式堆码的特点

重叠式堆码适用于自动装盘操作，如图 3-12 所示。其优点是操作简单，工人操作速度快，包装物四个角和边重叠垂直，承载力大；缺点是层间缺少咬合，稳定性差，容易发生塌垛。

图 3-12　重叠式堆码

图 3-13　纵横交错式堆码

2. 纵横交错式堆码

（1）纵横交错式堆码标准

① 每层堆码方式同重叠式一样，水平同方向摆放；
② 第二层与底层旋转 90°摆放；
③ 如此循环，直到堆码结束。

（2）纵横交错式堆码的特点

纵横交错式堆码适用于正反形货物的堆码和自动堆码，如图 3-13 所示。其优点是层间有一定的咬合度，不易塌垛；缺点是咬合强度不够，稳定性还不足。

3. 正反交错式堆码

（1）正反交错式堆码标准

① 每层货品箱在排列的时候，列与列之间的货品箱应垂直放置；
② 箱与箱的交接面为正面与侧面衔接；
③ 层与层之间摆放的时候，上层的货品箱与下层的货品箱旋转 180°摆放。

（2）正反交错式堆码的特点

正反交错式堆码适用于轻质货品，如图 3-14 所示。其优点是咬合程度较高，相邻层间不重逢，稳定性高；缺点是货品之间不是垂直互相承重，下部货品易被压坏。

4. 旋转交错式堆码

（1）旋转交错式堆码标准

① 每层相邻的货品箱相互垂直旋转摆放，根据托盘及货品箱的规格也可以两个货品箱为一个单位相互垂直摆放；

图 3-14 正反交错式堆码

图 3-15 旋转交错式堆码

② 每个堆码单位的交接面必须有一个正面和一个侧面。

(2) 旋转交错式堆码的特点

旋转交错式堆码的优点是咬合程度高,稳定性高;缺点是堆码难度较大,中间形成空穴,降低了托盘的装载能力,如图 3-15 所示。

小贴士　　　　硬质直方体在托盘上的堆码图谱

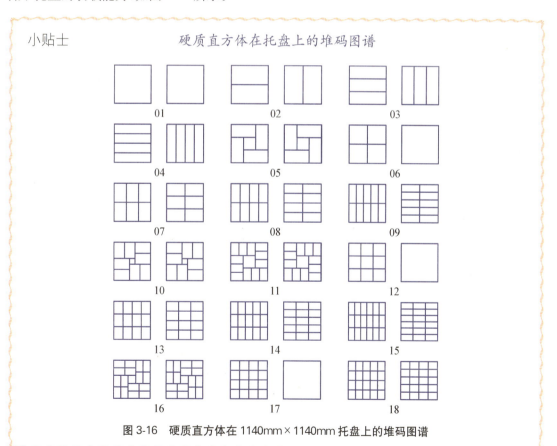

图 3-16 硬质直方体在 1140mm×1140mm 托盘上的堆码图谱

培训要点 5：货垛的"五距"

货品的堆码要保持货垛的"五距"，即垛距（一般为 0.3—0.5 米）、墙距（一般为 0.1—0.5 米）、柱距（一般为 0.1—0.3 米）、顶距（一般为 0.5—0.9 米）和灯距（一般不少于 0.5 米），保持"五距"的主要作用是通风、防潮、散热，从而保证货物的安全储存。图 3-17 中①为墙距，②为垛距，③为柱距，④为灯距，⑤为顶距。

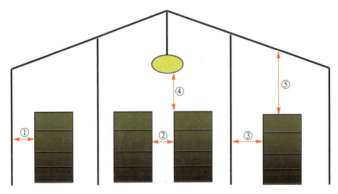

图 3-17　货垛的"五距"

【任务执行】

任务 1：入库信息处理

步骤 1：新增入库订单

在仓储信息化管理系统的界面中，选择"订单管理/订单录入/订单录入"系统会显示当前未生成作业计划的订单列表页面，在此页面用户选择"新增"按钮，此时系统会显示选择订单类型的页面，在此页面选择订单类型为"入库订单"，单击"确定"，进入入库订单的编辑页面。此页面包括"订单信息"、"订单入库信息"、"订单货品"三个标签页，如图 3-18 至 3-20 所示。

图 3-18　订单信息界面

图 3-19　订单入库信息界面

图 3-20　订单货品界面

步骤 2：生成作业计划

在如图 3-21 所示的界面中确认订单信息，点击"确认生成"按钮；在接下来出现的如图 3-22 所示的界面中，点击"生成作业计划"按钮，完成该步骤操作。

图 3-21　确认订单信息

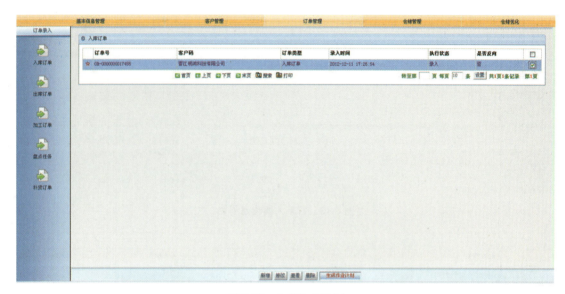

图 3-22　生成作业计划

步骤 3：打印入库单

在仓储管理系统中，选择"仓储管理/入库作业/入库预处理"，出现如图 3-23 所示的界面，在此界面右边"其他操作"的下拉菜单中点击"打印"，进入确认打印界面，如图 3-24 所示。

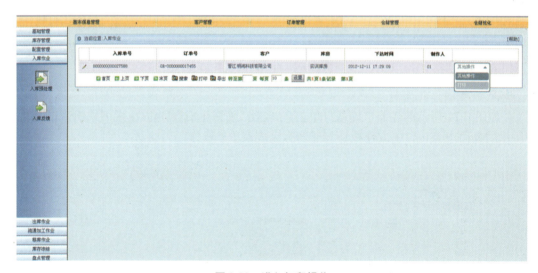

图 3-23　进入打印操作

然后，在如图 3-24 所示的界面中点击左上角的"打印"按钮，打印入库单。

任务 2：进行理货作业

步骤 1：准备空托盘

准备空托盘，并根据包装箱的尺寸估算使用托盘的数量，如图 3-25 所示。

步骤 2：选择托盘堆码方式

根据货物的性质及包装特点选用合适的托盘堆码方式，如：此处选用重叠式堆码方式。

入库单

打印

0000000000027588

01实训库房	应收总数：250.0	实收总数：
客户名称：晋江明鸿科技有限公司	客户指令号：20121211001	日期：2012-12-11

联想液晶显示器	6921317993257	箱	100
联想键盘	6923555218080	箱	20
联想鼠标	6923555218081	箱	30
联想机箱	6920586213103	箱	100

图 3-24　确认打印内容

步骤 3：按照托盘堆码标准进行堆码

依据重叠式堆码标准，对货物进行托盘堆码作业。

步骤 4：审核堆码质量

审核的标准如下：

① 堆码的纸箱不超过托盘的范围。
② 纸箱堆码整齐，不超高。
③ 堆码要符合"大不压小、重不压轻"的原则。
④ 纸箱的条形码要尽量朝外，每面至少有一个货物标识朝外。

图 3-25　准备空托盘

步骤 5：利用无线手持终端完成理货作业

理货人员利用手持终端登录仓储管理系统，并通过系统完成理货作业，如图 3-26 所示。

 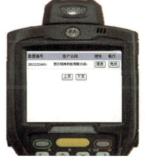 

图 3-26　利用无线手持终端完成理货作业

任务3：进行上架作业

步骤1：选择合适的装卸搬运工具

根据货物的特点，选择液压托盘车对货物进行搬运作业，选择半自动堆高车或手动堆高车进行上架作业。

步骤2：进行库内搬运作业

货物上架前，需要利用液压托盘车将货物搬运到指定位置，如图3-27所示。

步骤3：确定货品的上架位置

根据储位分配单（如表3-6所示）或无线手持终端上的提示信息确定货品的上架位置，如图3-28所示。

图3-27 利用液压托盘车进行搬运作业

表3-6 储位分配单

作业单号：					库房			
制单人					日期			
货品明细								
序号	位置	货品名称	规格	批次	应放	实放	单位	备注

图3-28 根据手持终端提示确定货品的上架位置

图3-29 使用堆高车上架

步骤4：对货品进行上架作业

操作员使用堆高车或者叉车进行货品的上架操作，如图3-29所示。

步骤5：入库反馈

货品上架作业完成后，操作员要通知信息员，请信息员在仓储管理系统中对入库作业进行反馈，如图3-30所示。

任务 4：办理入库手续

步骤 1：登台账

根据入库单，填写货物出入库明细账（见表 3-7），明细账的格式可以根据入库货物的特点与管理的需要酌情设计，一般要包括如下内容：时间；卡号；品名、数量、规格型号、包装情况等；存放货位号、结存数量等；货主名称；提货时间、出库号、出库数量等；其他预留内容。

图 3-30　完成入库反馈

表 3-7　货物出入库明细账

货物出入库明细账				卡号			
				货主名称			
				货位			
品名		规格型号					
计量单位		供应商单位					
应收数量		送货单位					
实收数量		包装情况					
____年			入库数量	出库数量	结存数量	备注	货物验收情况
__月__日	收发凭证号	摘要	件数	件数	件数		

步骤 2：立货卡

将货物名称、规格、数量或出入状态等内容填写到货卡中。货卡也称作料卡、货盘，其基本格式见表 3-8，一般都插放在货物下方的货物支架上或摆放在货垛正面的明显位置。

步骤 3：建档案

将货物的入库通知单、送货单、验收单、入库单等相关单证、各种技术资料，以及在保管期间使用的操作记录、发货单等原件或复印件存入档案，要求一物一档。

步骤 4：签单证

仓储主管签署入库单，并留存。

表 3-8　货卡基本格式

货　　卡						
货物名称		规格		单位		
年		摘要		收入数量	发出数量	结存数量
月	日					

【技能训练】

训练任务：货物入库操作

根据如表 3-9 所示的入库通知单，三人一组（分别担任：信息员、仓管员、操作员）完成入库任务。

表 3-9　入库通知单

单号：20121214001
客户名称：捷龙超市　　　　　　　　　　　　　　入库日期：2012 年 12 月 14 日

序号	品名	上架储位	单位	数量	备注
1	益力矿泉水	B00102	箱	20	
2	可口可乐	C00103	箱	30	
3	康师傅矿泉水	A00101	箱	18	
	总计			68	

步骤 1：入库订单处理

信息员根据入库通知单录入入库订单，生成作业计划，打印入库单。

步骤 2：入库验收作业

根据入库单，仓管员到收货理货区验收货品，如果出现实收货品数量与入库单上的应收数量不符或有质量问题时，仓管员要在入库单上注明情况，并以实际收货数量入库；仓管员在入库单上签字确认；仓管员与送货人员（可由老师扮演）进行交接。

步骤3：入库理货作业

利用设备或人力从托盘存放区抬取空托盘放置到收货理货区,如果人工抬取空托盘则必须由两个人一起完成,而且一次只允许抬取一只空托盘;利用手持终端扫描货品标签和托盘标签完成理货作业。

图 3-31　入库理货作业

步骤4：入库搬运作业

利用手持终端扫描托盘标签,下载入库搬运任务,利用液压托盘车将货品从收货理货区搬运至托盘货架交接区。

步骤5：入库上架作业

用堆高车从托盘货架交接区提取待上架托盘,利用手持终端扫描托盘标签,下载入库上架任务,完成货品上架,并确认目标货位地址。

步骤6：设备还原

所有操作结束后,将设备归还到设备区,任务结束。

模块四 在库管理

货物的在库管理是指仓库针对货物的特性,结合仓库的具体条件,采取科学的手段对货物进行保管养护,防止和延缓货物质量变化的行为。这项工作是现代物流仓储业务预期服务收益和提供增值服务的主要环节,也是区别于传统仓储业务的根本所在。

任务一 盘点作业

【任务展示】

明鸿科技公司接到客户投诉电话,称其收到的部分商品受潮,外包装出现变形并有霉点现象。明鸿公司立即致电晋职物流公司询问原因,原来由于连续的几场大雨,库房排水管排水不畅,雨水返流入库内,造成部分商品受潮;由于库内湿度较大,引起了外包装的霉变。晋职物流公司承诺将采取措施提供更好的在库商品保管与养护、盘点作业以及库存管理等服务,同时保障在库商品的安全。那么作为库房的保管人员,你应该如何展开这些工作呢?

【岗前培训】

培训要点1:在库管理的主要工作

在库管理工作主要包含盘点作业、库存管理、商品养护和仓库安全防护,如图4-1所示。

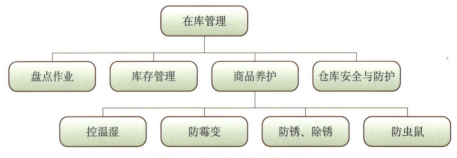

图4-1 在库管理的主要工作

培训要点2:什么是盘点

由于库存商品的流动性,容易产生库存记录数据与实物数量不符的情况,为了保证库存的准确,必须做好盘点工作。盘点工作是仓库为了准确掌握库存数量及有效保证库存的准确性而对仓库中的货物进行数量清点的作业。盘点作业的基本原则是"账实分离、不见面盘点"。

培训要点 3:盘点前的准备工作

1. 决定盘点方法

常见的盘点方法详见表 4-1。

表 4-1 常见的盘点方法

编号	盘点方法	操作方法和特点
1	动态盘点	又称为永续盘点、日常盘点,是指核对动态货品(即发生过收、发作业的货品)的数量是否与系统相符。动态盘点有利于及时发现差错并及时处理
2	循环盘点	又称为开库式盘点,是指周而复始地连续盘点库存货品。通常是每天、每周按顺序一部分一部分地进行盘点,到了月末或期末每件货品至少完成一次盘点。循环盘点法是保证存货记录准确性的可靠方法
3	期末盘点	又称为定期盘点或闭库式盘点,是指在期末对所有库存货品进行数量清点。期末盘点时,必须关闭仓库做全面的货品清点,因此对货品的核对较为方便和准确,可避免盘点中不少错误,简化存货的日常核算工作
4	缺料盘点	是指当某一货品的存量低于一定数量时,对其进行的盘点。由于货品数量较少,往往便于清点
5	重点盘点	是指对进出频率高的、易损耗的、或昂贵的货品所采用的一种盘点方法
6	全面盘点	是指对在库货品进行全面的盘点清查,多用于清仓查库或年终盘点
7	临时盘点	是指突击性盘点,一般在台风、梅雨、严冬等灾害性季节常会进行

2. 明确盘点时间

在决定盘点时间时,既要防止长时间的盘点对公司造成的损失,又要考虑配送中心资源有限、商品流动速度较快的特点,在尽可能投入较少资源的同时,要加强库存控制。可以根据商品的不同特性、价值大小、流动速度、重要程度来分别确定不同的盘点时间,时间间隔可以从每天、每周、每月、每年盘点一次不等。如:A 类主要货品每天或每周盘点一次,B 类货品每两三周盘点一次,C 类不重要的货品每月盘点一次即可。另外必须注意的问题是,每次盘点持续的时间应尽可能短,盘点的时间一般会选择在财务结算前夕,可通过盘点计算损益,查清财务状况;或是在淡季进行,因淡季储货较少,业务不太繁忙,盘点较为容易,投入资源较少,且人力调动也较为方便。

3. 培训盘点人员

提前 1—2 天确定盘点人员,对盘点人员培训的主要内容包括:

① 点数,掌握对纵横交错式或重叠式等堆垛的点数方式。
② 核对货品数量,即检查货卡与实物是否相符。
③ 注意检查货品的质量、包装等。

4. 明确盘点对象

盘点前要事先了解所要盘点的对象,对于待处理的货品应先从库存货物中扣除不计。

5. 清理仓库

将仓库内的货品摆放整齐,以便于计数;库存账、货品保管卡等整理就绪,未登账、销账的单据均应处理完毕。

6. 准备盘点工作

准备计算器、签字笔等基本工具;准备盘点记录表(见表 4-2)和盘点盈亏表(见表 4-3、表 4-4)等单据。

表 4-2 盘点记录表

序号	盘点票号	货物编号	品名	规格	单位	初盘数量	复盘数量	确认数量	备注
1									
2									
3									
4									
5									
初盘员:						复盘员:			

表 4-3 盘点盈亏表(格式一)

序号	盘点票号	货物编号	品名	规格	单位	实盘数量	账面数量	差异数量	差异原因
1									
2									
3									
4									
5									
核准:			复核:					制表:	

表 4-4 盘点盈亏表(格式二)

单号					日期				
序号	货品编号	品名	规格	单位	实盘数量	账目数量	差异数量	差异金额	差异原因
1									
2									
3									
总计									
主要事项说明:									
制表				审核					

培训要点 4:盘点作业的流程

① 盘点前准备。

② 进行账面及实物的盘点。

③ 核对盘点结果与账面数量,分析差异原因。
④ 盘点结果处理。

【任务执行】

步骤1:盘点前准备

盘点前准备的具体工作包括:告知货主具体的盘点时间,提醒货主不要在盘点期间送货或提货;结清各种未办手续;清理该仓库的场地;准备盘点记录表及盘点盈亏表等。

步骤2:进行账面及实物盘点

1. 下达盘点任务

在订单管理中选择"盘点单",如图4-2所示。

图4-2 选择"盘点单"

在如图4-3所示界面中点击"新增"按钮,在接着出现的如图4-4所示的"盘点任务单"中,对任务码、库房、盘点类型、盘点方式、负责人、生效时间等信息进行录入,录入完毕后点击"保存订单"按钮,如图4-5所示。

图4-3 新增盘点任务

图 4-4　进入盘点任务单

图 4-5　设置盘点任务单

至此,盘点单录入完毕,回到任务列表页面,点击"提交处理"按钮,将盘点任务下达给现场作业人员,如图 4-6 所示。

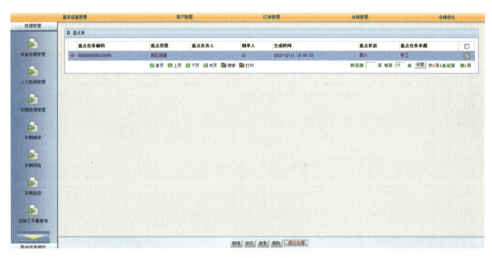

图 4-6　下达盘点任务

2. 进行实物盘点

① 划分盘点区域,并进行人员分工:将仓库划分为几个盘点区域,每个区域派两个人,一人负责初盘,另一人负责复盘。

② 实物盘点,并填写盘点记录表(见表4-2):由初盘员持一份空白盘点记录表,先清点所负责区域的商品,将清点结果填入"初盘数量"一栏;由复盘员持一份空白盘点记录表进行复盘,将清单结果填入"复盘数量"一栏;如果复盘数量与初盘数量不一致,则由第三人进行再次清点,以确认最终数量。

3. 盘点结果反馈并打印

完成货品的盘点任务后,由信息员在仓储管理系统如图4-7所示的界面进行盘点反馈操作,并打印盘点单,如图4-8所示。

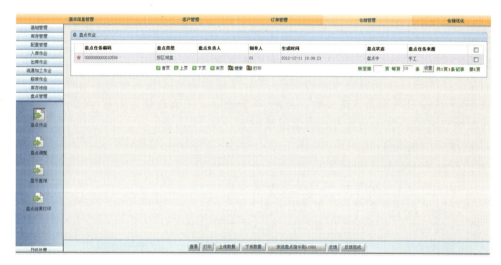

图4-7 盘点反馈

图4-8 打印盘点单

步骤 3：核对盘点结果与账面数量，分析差异原因

核对账面数量与实物数量是否一致，如果发现不一致则要查找差异原因，并填写盘点盈亏表。

步骤 4：盘点结果处理

1. 盘点调整

由库房主管登录仓储管理系统，对盘点结果进行调整。库房主管可以查看盘点的结果，若问题比较多，可要求重新盘点；若盘点结果真实无误，可调整库存。设置完成后由主管签字，进行盘点确认。

2. 盘点解冻

当完成盘点任务后，信息员应对盘点前在仓储管理系统中进行盘点冻结的货品数据进行解冻，以便货品的继续流通。

小贴士　　　　　　　　**如何避免盘点盈亏**

盘点盈亏的根本表现在商品的损益，其归根结底是由于员工平时工作疏忽、责任心不强、不严格按照规程操作造成的。因此，要避免盘点中大的盈亏差错，必须加强全员的责任心培养与业务技术的提升。具体措施如下：

① 增强工作责任心。
② 严格把好进货关和销售关。
③ 检查各类度量衡器具，保证计量准确无误。
④ 加强报表单据各环节的复核与控制。
⑤ 加强盗窃的各类防范活动，减少因此而带来的损失。

【技能训练】

训练任务 1：制作并打印盘点表单

使用 Excel 软件制作盘点记录表（见表 4-2）和盘点盈亏表（见表 4-3 或表 4-4），并将它们打印出来。

训练任务 2：盘点作业实训

由于近期晋职物流公司为明鸿科技公司开展的配送业务较多，公司要求在 2012 年 12 月 21 日对库房进行一次大的盘点，在盘点过程中使用了 2 辆半电动堆高车，4 名搬运工，结果显示 A 区 A00102 货位上的联想鼠标（账面数量 30 箱，实际数量 28 箱）盘亏了 2 箱，B 区 B00103 货位上的联想键盘（账面数量 18 箱，实际数量 20 箱）盘盈了 2 箱。请根据要求制作盘点单，空白盘点单格式见表 4-5。

表 4-5　盘点单

			编号：	
下达日期		执行日期		
目标仓库		负责人		回单人
调用资源				
资源名称		负责人		数量
货品信息								
区	储位	货物	型号	账面数量	实际数量	盈亏数量	损坏数量	备注
仓库负责人 |||| 复核人				

任务二　库存管理

【任务展示】

晋职物流公司接到明鸿科技公司采购部陈经理电话，要求对库存的电子产品进行 ABC 分类管理，对 A 类商品，实行重点管理；对 B 类商品，根据需要实行重点管理；对 C 类商品，只作一般管理。你作为仓库保管人员，应该如何完成这项 ABC 分类工作呢？

【岗前培训】

培训要点 1：库存 ABC 分类管理法

库存 ABC 分类管理法，又称为 ABC 重点管理法或 ABC 分析法，是指将库存货品按照品种和占用资金的多少分三级进行管理的方法（见表 4-6）。A 类指特别重要的库存，B 类指一般重要的库存，C 类指不重要的库存。

表 4-6　库存 ABC 分类管理法

类别	物资品种占全部物料品种的比重	资金占库存资金比重
A	5%—10%	70%—80%
B	15%—20%	20%—25%
C	70%—80%	5%—10%

培训要点 2：在使用 ABC 分类法管理库存时，可以采取哪些策略

1. 对于 A 类商品

① 对每件商品都要编号。
② 尽可能慎重、准确地预测需求量。
③ 少量采购，尽可能在不影响需求的前提下减少库存量。
④ 请供货单位配合，力求出货量平稳化，以降低需求变动，减少库存量。
⑤ 与供应商协调，尽可能缩短前置时间。
⑥ 采用定期订货的方式，对其存货必须做定期检查。
⑦ 必须严格执行盘点，每天或每周盘点一次，以提高库存精确度。
⑧ 对交货期限必须加强控制，在制品及发货也必须从严控制。
⑨ 货品放至易于出入库的位置。
⑩ 实施货品包装外形标准化，增加出入库单位。
⑪ A 类商品的采购需经高层主管核准。

2. 对于 B 类商品

① 采用定量订货方式，但对前置时间较长或需求量有季节性变动趋势的货品，宜采用定期订货方式。
② 每两三周盘点一次。
③ 中量采购。
④ B 类商品的采购需经中级主管核准。

3. 对于 C 类商品

① 采用定量订货方式以节省手续。
② 大量采购，以利在购货价格上获取优惠。
③ 简化库存管理手段。
④ 安全库存量可以大些，以免发生库存短缺。
⑤ 可交现场保管使用。
⑥ 每月盘点一次。
⑦ C 类商品的采购仅需基层主管核准。

 【任务执行】

步骤 1：收集数据

根据实际的存货情况，收集库存中的商品的名称、数量及金额，并按库存金额的降序方式排列，填制商品库存清单，见表 4-7。

表 4-7　商品库存清单

序号	商品名称	库存数量（台）	库存金额（万元）
1			
2			

续　表

序号	商品名称	库存数量(台)	库存金额(万元)
3			
	小计		
制单员：		仓管员：	财务人员：

步骤 2：处理数据

计算各种库存商品库存数量百分比、库存数量累计百分比、库存金额百分比和金额累计百分比，在商品库存清单的基础上，填制库存商品数据整理表，见表 4-8。

表 4-8　库存商品数据整理表

序号	商品名称	库存数量	库存金额	库存数量百分比	库存数量累计百分比	库存金额百分比	库存金额累计百分比
1							
2							
3							
	小计						
制单员：			仓管员：			财务人员：	

步骤 3：进行 ABC 分类

根据商品库存数量累计百分数和出库金额累计百分数，参考 A 类、B 类、C 类商品的分类原则，对库存商品进行分类，制作库存商品的 ABC 分类表，见表 4-9。

表 4-9　库存商品的 ABC 分类表

序号	商品名称	库存数量	库存金额	库存数量百分比	库存数量累计百分比	库存金额百分比	库存金额累计百分比	ABC分类
1								
2								
3								
	小计							
制单员：			仓管员：			财务人员：		

步骤 4：绘制 ABC 分类管理图

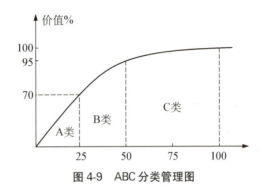

图 4-9　ABC 分类管理图

步骤 5：实施分类管理

根据 ABC 分类，确定分类管理方式，并组织实施货品的分类管理。

【技能训练】

训练任务：ABC 分类实训

到学校仓储实训室收集实训室库存的模拟商品的名称、数量及金额，并按库存金额的降序方式排列，填制商品库存清单、库存商品数据整理表、库存商品的 ABC 分类表，并绘制 ABC 分类管理图。

任务三　商品养护

【任务展示】

晋职物流公司根据明鸿科技公司储存货物的情况，需要编制一套商品保管保养作业的方案。你被仓库主管指定为明鸿科技公司货物的保管人员，对于商品保管保养作业有何建议呢？

【岗前培训】

培训要点 1：什么是商品养护

商品养护是商品在储运过程中所进行的保养和维护。从广义来说，商品离开生产领域，在进入消费领域之前，这一段过程的保养和维护都称为商品养护。

培训要点 2：商品养护的目的

商品养护的目的，在于维护商品的质量，保护商品的使用价值。因此，商品养护的内容主要有两个方面：一方面是研究商品在仓储配送过程中受内外因素的影响，质量发生变化的规律；另一方面是研究商品在仓储配送过程中的科学养护方法，以保证商品的质量，避免和减少经济损失。

培训要点 3：商品养护的措施

① 建立健全必要的规章制度。

② 严格验收入库物品。
③ 适当安排储存场所。
④ 科学地进行堆码苫垫。
⑤ 控制好仓库的温度、湿度。
⑥ 搞好环境卫生。
⑦ 定期进行物品在库检查。

培训要点 4：影响商品发生变化的因素

商品在储存期间会发生质量上的变化，如：霉变、虫蛀、老化、锈蚀等，都是商品在储存期间最易影响其质量的因素。

【任务执行】

步骤 1：进行在库商品检查

为了了解和掌握商品在保管过程中的质量变化情况，需要重点对以下商品进行检查：入库时已发现问题的商品；性能不稳定或不够熟悉的商品；已有轻微异状但尚未处理的商品；储存时间较长的商品。检查商品时要从最易发生问题的地方入手，如：在近窗、沿墙、垛底和垛心等处，特别注意商品的温度、水分、气味、包装外观和货垛状况是否有异常。检查完毕后必须填写仓库日常检查记录表（见表 4-10）。当发现商品有异状时，要认真填写仓库商品异状情况表（见表 4-11）并及时向有关领导汇报，进行正确处理，使商品损失降到最低。

表 4-10　仓库日常检查记录表

序号	检查项目	月　日 星期一	月　日 星期二	月　日 星期三	月　日 星期四	月　日 星期五	月　日 星期六	月　日 星期日
1	库房清洁							
2	作业通道							
3	货物状态							
4	库房温度							
5	相对湿度							
6	库房照明							
7	用具管理							
8	托盘维护							
9	消防通道							
10	消防设备							
11	库房门窗							
12	防盗措施							

续　表

序号	检查项目	月　日 星期一	月　日 星期二	月　日 星期三	月　日 星期四	月　日 星期五	月　日 星期六	月　日 星期日
13	标志标识							
14	员工出勤							
15	安全防护							
检查人签字								

表4-11　仓库商品异状情况表

序号	商品编码	商品名称	异状情况	处理结果
1				
2				
3				
4				
5				
6				

步骤2：控制仓库的温湿度

仓库内部的温度与湿度是影响仓储商品质量最主要的环境因素，因此采用科学的方法控制与调节仓库的温湿度是商品养护的首要问题。温湿度控制与调节主要有以下几种方法。

1. 密封

密封是指把商品尽可能严密封闭起来，减少外界不良气候条件的影响，以达到安全保管的目的。采用的密封方法，要和通风、吸潮结合起来，如运用得当，可以收到防潮、防霉、防热防溶化、防干裂、防冻、防锈蚀、防虫等多方面的效果。密封保管应注意的事项有：

① 在密封前要检查商品质量、温度和含水量是否正常，如发现生霉、生虫、发热、水淞等现象就不能进行密封。发现商品含水量超过安全范围或包装材料过潮，也不宜密封。

② 要根据商品的性能和气候情况来决定密封的时间。怕潮、怕溶化、怕霉的商品，应选择在相对湿度较低的时节进行密封。

③ 常用的密封材料有塑料薄膜、防潮纸、油毡、芦席等。这些密封材料必须干燥清洁，无异味。

④ 密封常用的方法有整库密封、小室密封、按垛密封，以及按货架、按件密封等。

2. 通风

通风是利用库内外空气温度不同而形成的气压差，使库内外的空气形成对流，来达到调节库内温湿度的目的。当库内外温度差距越大时，空气流动就越快；若库外有风，借助风的压力能加速库内外空气的对流（但风力也不能过大，当风力超过5级，灰尘就会比较多）。正确地进行通风，不仅可以调节与改善库内的温湿度，还能及时散去商品及包装物的多余水分。按通风的目的不同,可分为利用通风降温(或增温)和利用通风散潮两种。

3. 吸潮

在遇到梅雨季节或阴雨天,库内湿度过高,不适宜商品保管,而库外湿度也过大,也不宜进行通风散潮时,可以在密封的库内用吸潮的办法来降低库内湿度。

随着市场经济的不断发展,现代商业仓库普遍开始使用机械吸潮的方法。即:使用吸湿机把库内的湿空气通过抽风机,吸入吸湿机的冷却器内,使它凝结为水而排出。

吸湿机一般适用于储存棉布、针棉织品、贵重百货、医药、仪器、电工器材和烟糖类仓库的吸湿处理。

步骤 3:防止商品的发霉腐烂

防止商品发霉腐烂的措施一般包括:温控法、湿控法、除氧剂除氧法、气调储存、酸碱度控制法、化学方法和物理方法等。补救商品霉腐的措施一般包括:晾晒、高温烘烤、药剂熏蒸和紫外线照射等。

步骤 4:防治仓库的虫鼠害

防治仓库害虫的方法有:使用驱虫剂驱虫法、灯光诱杀除虫法、高温或低温除虫法、熏蒸除虫法、触杀和喂毒除虫法、密闭法等。防治仓库鼠害的方法有:器械捕鼠法、毒饵诱杀法和粘鼠胶法等。

【技能训练】

训练任务 1:仓库日常检查

绘制仓库日常检查记录表和仓库商品异状情况表,并连续 5 天到学校仓储实训室进行仓库日常检查,并根据实际检查情况,如实填写仓库日常检查记录表和仓库商品异状情况表。完成任务后将表格交给老师。

训练任务 2:保管保养方案设计

以项目组为单位,结合所学,设计一个仓库货品保管保养作业的方案,并做成 PPT,每个项目组派一名代表上台对本组的设计方案进行介绍。

任务四 仓库安全与防护

【任务展示】

晋职物流公司为了确保仓库内储存的货物在保管过程中不会再出现各种受损情况,要求提高仓库的防盗、防火、防水和防电能力,改善仓库的安全作业水平。你作为库房的保管人员,将如何开展仓库的安全与防护工作呢?

【岗前培训】

培训要点 1:常见的灭火器类型及特征

灭火器是一种可由人力移动的轻便灭火器具,它能在其内部压力的作用下,将所充装的灭火剂喷出,用来扑救火灾。由于灭火器种类繁多,其适用范围也有所不同,只有正确选择灭火器的类型,才能有效地扑救不同种类的火灾,达到预期的效果。我国现行的国家标准将灭火器分为手提式灭火器(总重量不大于 20 kg)和车推式灭火器(总重量不大于 40 kg),如图 4-10 和 4-11 所示。

图 4-10　手提式灭火器　　　　图 4-11　车推式灭火器

培训要点 2:火灾的种类

A 类火灾:指固体物质火灾,如:以木材、棉、毛、麻、纸张等为介质引起的火灾。

B 类火灾:指液体火灾和可熔性的固体物质火灾,如:以汽油、煤油、原油、甲醇、乙醇、沥青等为介质引起的火灾。

C 类火灾:指气体火灾,如:以煤气、天然气、甲烷、丙烷、乙炔、氢气等为介质引起的火灾。

D 类火灾:指金属火灾,如:由钾、钠、镁、钛、锆、锂、铝镁合金等燃烧引起的火灾。

E 类火灾:指电器火灾。

 【任务执行】

步骤 1:制定仓库安全管理制度(示例)

根据国家《安全生产法》及《消防法》的相关规定,依据"安全第一,预防为主"、"预防为主,防消结合"的工作方针,为确保仓库的绝对安全,结合仓库的实际情况,制定如下仓库安全管理制度。

1. 人员出入管理规定

① 本仓库属于重点防火单位,仓库所有场地严禁吸烟,禁止携带火种入内。

② 其他人员必须服从管理人员管理,闲人免入。

2. 货物加工存放管理规定

① 本仓库货物系易燃物,必须专库专用,严禁存放任何其他物品。

② 存放货物的库房必须做到干燥,通风状况良好。

③ 货物入库后必须及时进行分类加工,按规定打包成型,堆码。

④ 货物放于地面上时应垫有枕木(大概 20 厘米高)并保留空间,距离墙壁 40 厘米左右。

3. 电源设备管理规定

① 严禁在仓库使用任何其他用电设备。

② 对供电设备必须严格按照规程进行操作,严禁违规操作。

4. 车辆出入管理规定

① 车辆入库必须装上防火筒,停车后立即熄火,不得在仓库内检查排除车辆故障。

② 机动车辆必须在规定位置停放,非本单位的机动车辆一律不得入内。

5. 消防安全管理规定

① 消防水池必须确保水源充足,并备有消防水桶;灭火器必须按时、按规定进行药物的更换,确保器材的有效使用。

② 仓库前坪不得随意停放车辆或堆放其他货物;库房内部必须按规定留有消防安全通道并保持畅通。

6. 监控系统管理规定

① 监控系统 24 小时运行,每隔 5 分钟自动画面存档一次。

② 专职人员负责记录,如画面出现可疑人员,应马上记录时间及其相貌特征并上报。

7. 安全管理人员职责

① 安全管理人员必须认真严格按照仓库安全管理制度和工作要求,履行工作职责,确保仓库安全。

② 安全管理人员必须随时进行安全巡查,对各个部位进行细心的检查,特别是夜间的巡查。

③ 安全管理人员对出入仓库的车辆必须做好进出时间的登记,对进入库房内的车辆要在车辆排气管的尾部挂置防火筒(原则上不允许车辆进入库房);对出入仓库的外来人员要进行登记,且不得携带任何火种入内。

④ 仓库安全管理人员必须维护好所有消防器材和设施,确保其可靠有效,并掌握其使用方法及安放位置;对各类电源的控制部位都要做到心中有数。

⑤ 当班安全管理人员必须坚守工作岗位,不得擅自离开,发现情况要及时处置并报告上级;做好当班工作记录及交接班记录。

8. 奖罚规定

① 对严格遵守管理制度,并做出良好成绩的,将给予精神和物质上的奖励。

② 对违反管理制度,并造成不良后果的,将给予严格的处罚(行政处罚、经济处罚或并处解除劳动关系);对玩忽职守,造成事故,并产生严重后果的,交由司法机关处置。

步骤 2:检查并改善仓库防盗能力

① 仓管员对出入仓库的人员身份进行确认,做好记录;外部人员进入仓库,需要加开证明,防止危险人物混入。

② 货物出库作业时,仓管员应注意现场作业情况,观察作业人员的举动,防止作业人员将物资夹带出去。

③ 严格执行各类货物的入库、领用、借用、归还、清退、交换和核对制度。

④ 严格执行仓库出入检验制度,出入库的货物外包装上应注明品名、规格和数量,确认单、物相符后方可放行。

⑤ 每天检查仓库的防盗设施设备情况,检查完毕后填写仓库防盗设备情况一览表(见表 4-12),如有损坏,应及时修缮。

⑥ 每天下班前,将所有门窗关闭。

表 4-12 仓库防盗设施设备情况一览表

序号	防盗设施设备	数量	完成程度	使用有效期	备注
1					
2					
3					
4					

制单员： 仓管员： 仓库主管：

步骤 3：检查并改善仓库防火能力

1. 日常检查

仓管员从电气设备、器械、火源和存储规范等四个方面进行检查，确认是否存在火灾隐患，对易燃货物、电线线路等进行重点检查，具体情况见表 4-13。

表 4-13 仓库防火检查一览表

序号	防火检查项目	具体检查内容	相关文件
1	电气设备	检查用电负荷、电线线路等	电气设备位置图
2	器械	叉车进入库区是否有防护罩、是否存在易产生火花的工具；器械是否在库房内修理等	器械检查记录、器械使用规范
3	火源	易燃物是否及时清理；库区是否使用明火等	火源检查记录
4	存储规范	易燃货物是否被隔离；易燃货物是否出现跑、漏等现象；灯距是否适宜；检查通风散热情况是否良好等	存储检查记录

2. 隐患处理

仓库内禁止吸烟，禁止存放易燃物，禁止烟火，禁止燃放鞭炮，禁止携带火种。仓管员发现仓库某处有火灾隐患时，应立即处理，并呈报上级。

图 4-12 仓库常见标志

3. 检查仓库的消防设备情况

认真检查本仓库的消防设施设备情况,如:灭火器、消防水桶、消火栓箱、防火墙、防火隔离带、防火门、消防应急灯、消防应急包等,保证设备完好、数量足够,检查完毕后填写仓库消防设施设备情况一览表(见表 4-14),并及时更换损坏或已过期的消防设施设备。

表 4-14　仓库消防设施设备情况一览表

序号	消防设施设备	数量	完成程度	使用有效期	备注
1					
2					
3					
4					
制单员:		仓管员:		仓库主管:	

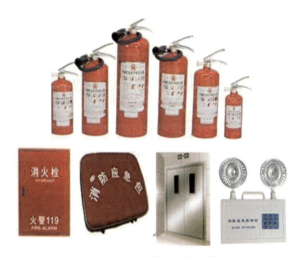

图 4-13　仓库消防设施设备

步骤 4:检查并改善仓库防水能力

仓管员要积极进行仓库防水工作,防止货物受潮或被水浸泡,具体内容见表 4-15。

表 4-15　防水检查内容

序号	防水检查项目	具体检查内容
1	地面	地面是否存在积水现象;供水管道是否存在漏水现象;下水管道是否存在堵塞情况等
2	墙壁	墙壁防水材料是否脱落;墙壁是否有水珠出现等
3	顶棚	顶棚防水漆是否脱落;防雨布是否破损;顶棚是否有漏洞等

步骤5:检查并改善仓库防电能力

仓管员要每日进行电器检查和电路检查工作,确保线路正常工作。

1. 日常检查

具体检查内容包括:线路、灯具、电路的设置、开关、防静电作业等。

2. 防电管理预防

① 对燃点较低的货物,不准使用碘钨灯和超过60瓦以上的灯具高温照明,不准使用可燃材料做灯罩。

② 库房内不能设置移动式照明灯具。

③ 照明灯具垂直下方与储存物品水平间距离不得小于0.5米。

④ 库房内铺设的配电线路,需用金属管或用非燃硬塑料管做保护。

⑤ 库房内不准使用电炉、电烙铁和电熨斗等电热器具和电视机、电冰箱等家用电器。

⑥ 配有防雷设施设备,设置防雷装置,并定期检测,保证有效。

⑦ 仓库的电器设备,必须由持上岗证的电工进行安装、检查、维修和保养。

步骤6:检查并改善仓库安全作业水平

1. 检查仓库的安全作业情况

认真检查本仓库的安全作业情况,并通过对仓库中货物的日常入库、储存、包装、装卸、移位和出库等操作的安全方面进行指引和规定,以保证仓库日常工作的有序和安全进行。

2. 认真执行安全作业管理

① 健全各种安全管理制度。

② 加强劳动安全保护。

③ 加强对职工的安全培训。

④ 执行机械作业安全规定。

⑤ 执行危险品作业安全规定。

⑥ 加强电器设备作业安全。

【技能训练】

训练任务1:正确使用灭火器

在老师的指导下,进行灭火器灭火的训练。

1)取出灭火器　　2)拔掉保险销　　3)一手握住压把 一手握住喷管　　4)对准火苗根部喷射(人站在上风位置)

图4-14　干粉灭火器的使用方法

训练任务2：设计仓库安全管理办法

以项目组为单位，结合所学，设计针对不同仓库的仓库安全管理办法，并制作成PPT，每个项目组派一名代表上台进行讲解和展示。

训练任务3：仓库安全隐患诊断

结合所学，到学校的仓储配送中心进行实地查看，查找可能存在的仓库安全隐患点，并将仓库安全隐患的整改建议整理成书面材料交给老师。

模块五 出库作业

商品出库作业是仓储业务的结束,一般是指仓库按照货主的发货凭证上所注明的货物名称、规格和数量等条件,进行核对凭证、备货、复核、点交和发放等一系列出库作业和管理活动。

任务一　出库操作

【任务展示】

晋职物流公司收到明鸿科技公司的出库订单,如图5-1所示,要求提取一批货物,根据公司仓储系统的库存提示,这些货物都可正常提货。当明鸿科技公司的司机拿着提货单到达仓库时,作为仓库的发货人员,你要如何办理相关出库业务呢?

晋职物流有限公司:
　　我司司机李四将于2012年12月20日到贵司提取一批货物,货物资料如下:

序号	货物名称	型号	单位	数量	备注
1	联想键盘	SK-9271	箱	20	
2	联想鼠标	M20	箱	10	
合计				30	

请提前做好准备,谢谢!

晋江明鸿科技有限公司
2012年12月18日

图5-1　出库订单

【岗前培训】

培训要点1:货物出库的方式有哪些

货物出库有五种方式,分别是送货、收货人自提、过户、取样和转仓。

1. 送货

仓库根据货主预先送来的出库通知或出库请求,凭仓单通过发货作业,把应发货物交由运输部门送达收货人,这种发货形式通常称为送货制。仓库实行送货制时,要划清交接责任。送货是物流中心出库作业的主要运作方式。

2. 收货人自提

这种出库方式通常称为提货制,是由收货人或其代理人持仓单直接到仓库提取货物,仓库凭单发货。它具有"提单到库,随到随发,自提自运"的特点。为划清交接责任,仓库发货人与提货人在仓库现场,对出库货品当面交接并办理签收手续。收货人自提一般是对小批量、单件货物和临时订货的补充应急采取的方式。

3. 过户

过户是一种<u>就地划拨</u>的出库方式,货物虽未出库,但是所有权已从原存货户头转移到新存货户头。仓库必须根据原存货人开出的正式过户凭证,才能办理过户手续。日常操作时,往往是仓单持有人的转让,这种转让要经过合法手续办理。

4. 取样

取样是货主出于对货物质量检验、样品陈列等需要,到仓库<u>提取货样</u>而形成部分货物的出库。货主取样时必须持有仓单,仓库也必须根据正式取样凭证才可发给样品,并做好账务登记和仓单记载。

5. 转仓

货主为了方便开展业务或储存条件发生改变,需要将某批库存货物从某仓储企业的甲仓库转移到该企业的乙仓库,这就是转仓的发货方式。转仓时货主必须出示物仓单,仓库根据货主递交的正式转仓申请单,办理转仓手续,同时在仓单上注明有关信息资料。转仓只是<u>在同一仓储企业的不同仓库间进行</u>。若需要从 A 企业的某仓库将货物转移到 B 企业的某仓库,仍应办理正常的出库和入库手续。

培训要点 2:货物出库的具体要求有哪些

货物出库必须遵循"三不、三核和五检查"的要求,如图 5-2 所示。

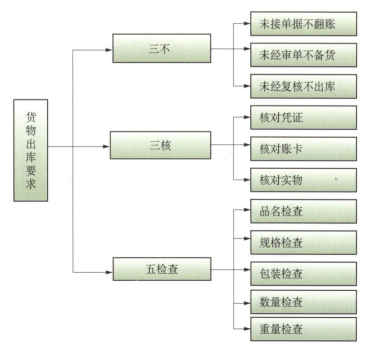

图 5-2 货物出库的具体要求

培训要点 3:出库作业流程

不同仓库在货物出库的操作程序上都会有所不同,操作人员的分工也各不相同,但就整个发货作业的过程而言,一般都是跟随货物在库内的流向,或出库单的流转而构成了各工种的衔接,如图 5-3 所示。

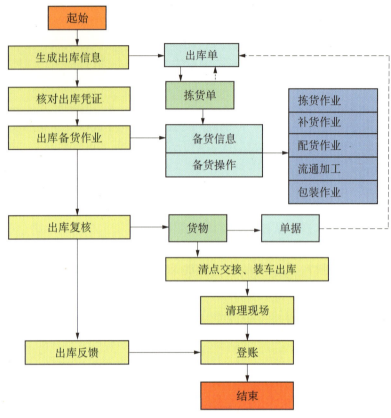

图 5-3 出库作业流程图

【任务执行】

步骤 1:生成出库信息

根据客户的出库通知,仓库信息员在仓储管理系统中选择"订单管理/出库订单",如图 5-4 所示,单击如图 5-5 所示界面下方的"新增"按钮。

图 5-4 订单管理界面

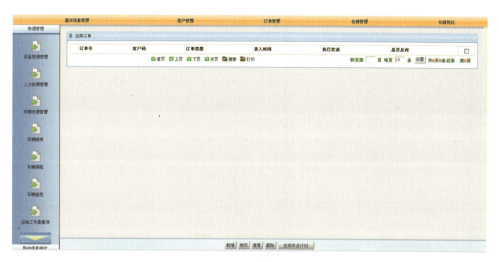

图 5-5　新增出库订单

分别在"订单信息"（如图 5-6 所示）、"订单出库信息"（如图 5-7 所示）、"订单货品"（如图 5-8 所示）中填入相应的信息，直到货物选择完毕后单击"保存订单"按钮即可保存。

图 5-6　订单信息

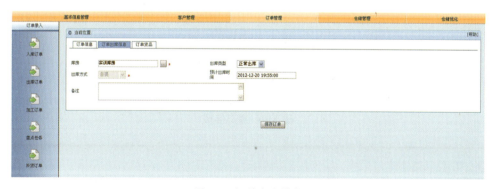

图 5-7　订单出库信息

在接下来出现的如图 5-9 所示的界面中，选中出库订单，单击"生成作业计划"，在如图 5-10 所示的确认界面，检查出库信息无误后，点击"确认生成"。

回到如图 5-4 显示界面，选择"出库单打印"，在接下来出现的如图 5-11 所示界面中选择"出库单"，再单击"打印"按钮完成打印。

图 5-8　订单货品

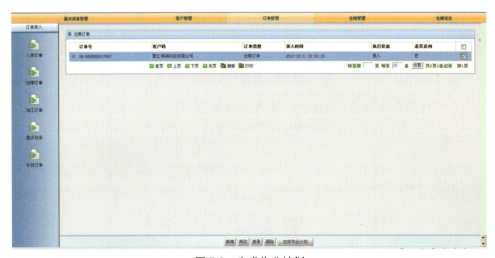

图 5-9　生成作业计划

图 5-10　确认生成

图 5-11　打印出库单

步骤 2：核对出库凭证

提货人员将提货单(见表 5-1)交给仓管员，仓管员在核对出库单(见表 5-2)及提货单时，主要核对**出库货品、规格、数量**及**提货时间**等基础信息。具体内容如下：

① 核对提货单是否应从自己仓库出货。
② 提货单上必须有客户方的红色印章或负责人的签字。
③ 核对出库单上的提货人信息与提货单的是否为同一人。
④ 出库单上的出库日期和提货单上的提货日期是否一致。

表 5-1 提货单

提货单位				提货单号			
提货仓库				仓库地址			
提货方式				提货日期			
序号	货物编号	货物名称	规格型号	单位	数量	金额	备注
1							
2							
3							
4							
制单人				负责人		提货人	

表 5-2 出库单

客户			提货人				
出库单号			出库日期				
货物编号	货物名称	单位	应出数量	实出数量	规格	货位号	备注
		合计					
制单人签名			仓管员签名			提货人签名	

步骤 3：出库备货作业

利用手持终端进行货位查找，利用叉车完成相关货品的拣取，并将货品集中到发货区。

1. 出库货物下架

操作员利用手持终端,登录仓储作业系统,点击"出库理货",再点击列表中的"开始"进行操作。
① 点击"出库拣货",进入出库拣货作业界面。
② 使用手持终端扫描待出库的托盘标签,系统提示待下架的托盘货品及数量。
③ 点击"确认拣货",下架该托盘。

图 5-12　出库下架

2. 出库货物搬运

仓管员利用搬运工具(如:液压托盘车等)将出库货物运至发货区,完成出库备货作业。

图 5-13　库内搬运

步骤 4：出库复核

为避免出库货物出错,备货后应进行出库复核,复核有三种方法,即专人复核、保管员互核和自我复核。复核的内容包括:名称、规格、型号、批次、数量和单价等项目。复核结束后,复核员要填写出库复核记录表,见表5-3。

表 5-3　出库复核记录表

单号				日期				
序号	货物名称	出库数量	单位	提货单位	发货人	质量情况	复核人	备注
1								
2								

续 表

序号	货物名称	出库数量	单位	提货单位	发货人	质量情况	复核人	备注
3								
4								
5								
6								
7								
8								
9								
10								
合计								

制单员： 仓管员： 仓库主管：

步骤 5：清点交接、装车出库

出库货物经复核后，要与提货人员进行清点交接。清点交接完成后，由保管员在出库单上填写数量，并签字；再由提货人在出库单和提货单上签字确认。完成这些手续后，货物即可装车出库。

步骤 6：清理现场

货物出库后，有的货垛被拆开，有的货位被打乱，有的现场还留有垃圾或杂物。保管员应根据储存规划要求，对剩余货物进行并垛或挪位，并及时清扫发货现场，保持库内清洁整齐，腾出新的货位和库房，以备新的入库货物使用；清查发货的设备和工具有无丢失或损坏等。同时，一批货物发完后，要收集整理该货物的出入库情况，保管保养情况及盈亏数据等情况，然后存入商品档案，妥善保管，以备查用。

步骤 7：出库反馈、登账

仓管员进行出库反馈，并办理销卡和登账手续，填写货卡（见表 3-13）和货物出入库明细账（见表 3-12）。

【技能训练】

训练任务 1：制作流程图及工作表单

使用 Excel 软件制作如图 5-2 所示类似的"出库流程图"和出库工作相关表单（包括表 5-1 的提货单、表 5-2 的出库单、表 3-8 的货卡、表 3-7 的货物出入库明细账）。

训练任务 2：进行出库作业实训

将制作好的表单打印出来，并带到学校的仓储配送实训中心，按照出库作业的流程进行出库作业的实训操作。

任务二　退货出库处理

【任务展示】

晋职物流公司在对库房商品进行检查时,发现明鸿科技公司储存在晋职物流仓库内的5箱货物(型号为SK-9271的联想键盘)出现破损。晋职物流公司在发现问题后以传真的形式通知明鸿科技公司,并对该公司提出退货请求。作为晋职物流公司的一名仓管员,你应该如何处理此批退货呢?

【岗前培训】

培训要点1:什么是退货作业

退货作业是指仓库按订单或合同将货物发出后,由于某种原因,客户将商品退回仓库而引发的物流作业活动的总称。退货作业的步骤较为复杂,而且作业负荷较重,尤其是退货商品的检验、退货数量的核查等,最耗费作业时间及人力。而一般仓库的退货作业处理,可依公司的经营理念作不同的退货作业处理。而对于具有退货修补功能的物流公司而言,一般除退货货品验收、退货数量核查外,还须将可用商品再入库、可修补的商品送往流通加工区处理、不可用的商品予以报废,并且统计各项送修、报废数量,以供检查库存、出货流通加工以及配送过程的缺失。

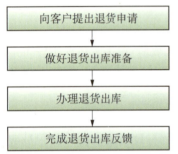

图5-14　退货出库作业流程图

培训要点2:退货出库作业的流程

退货出库作业的流程如图5-14所示。

【任务执行】

步骤1:退货申请

根据退货原因,通知客户并填写退货申请表,如表5-4所示。

表5-4　退货申请表

客户名称:						
退货单号	商品名称	规格	数量	出货单号	退货原因	备注
制单:		仓库员:			财务:	

步骤 2：接受退货并做好接货准备

当对方公司同意退货申请后，将进行接受退货作业。

1. 做好退货出库准备

在订单管理系统中选择"订单管理/出库订单"，如图 5-15 所示，在打开的页面中单击"新增"按钮。

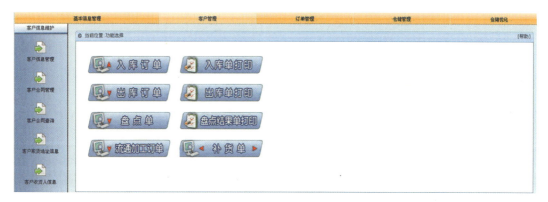

图 5-15　订单管理界面

在"订单信息"界面（如图 5-16 所示），填写客户码、客户指令号、紧急程度和下达时间、订单来源等内容。

图 5-16　退货处理订单信息填写

在"订单出库信息"界面（如图 5-17 所示），填写库房、出库类型（选择"退货出库"）、出库方式、预计出库时间等内容。

图 5-17　退货处理订单出库信息填写

在"订单货品"界面,单击"添加货品",填写货物编码、货物名称、规格、批次、单位、质量、数量、备注的相关信息后,单击"保存订单",如图 5-18 所示。

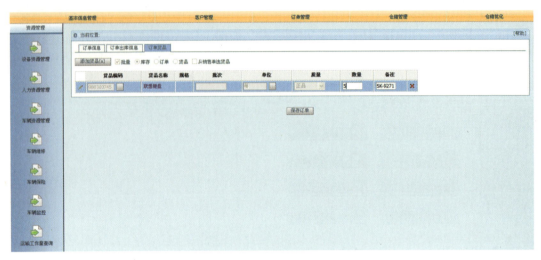

图 5-18　填写退货订单货品

2. 生成作业计划

选中刚才新增的订单,单击"生成作业计划",如图 5-19 所示,在弹出的界面中核对订单信息。确认无误后,单击"确认生成",如图 5-20 所示。

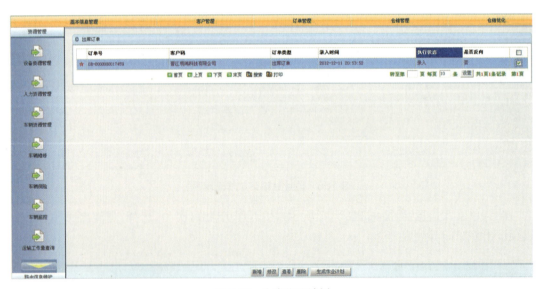

图 5-19　生成作业计划

3. 打印出库单

回到图 5-15 所示界面,选择"出库单打印",在接下来出现的如图 5-21 所示界面中选择"出库单",再单击"打印"按钮完成打印。

步骤 3:退货出库作业

当仓库操作员拿到出库单后,会按照正常的出库作业流程进行退货出库作业。

图 5-20　确认生成

图 5-21　打印退货处理的出库单

步骤 4：完成出库反馈

仓管员登录仓储管理系统进入"仓储管理/出库作业/出库反馈",系统将显示已经调度完成的单据,单击"反馈完成"按钮,如图 5-22 所示。至此,整个退货出库作业过程全部完成。

图 5-22　出库反馈

【技能训练】

训练任务 1:退货出库作业软件实训
在仓储管理软件中进行退货出库作业的软件操作。

训练任务 2:退货作业实操训练
在老师的指导下进行退货出库作业的实操训练。

任务三　转库调拨处理

【任务展示】

晋职物流公司对明鸿科技公司的专用库房进行盘点后发现,该库房有些储位利用率不高,需要对该库房的商品进行移库作业。作为晋职物流的一名仓管员,你应该如何进行移库作业呢?此外,这次盘点还发现该库房有些货品是残次品,没有利用价值。因此晋职物流公司在征得明鸿科技公司的同意后,将对该仓库的残次品货物进行调拨作业。你又将如何进行调拨作业呢?

【岗前培训】

培训要点 1:什么是货物移库
货物移库属于库内作业的一种,是根据需要调整库存储位的一种手段。货物移库的主要目的有两个:一是优化储位,二是提高仓储效率。

培训要点 2:移库作业的流程
对货物进行移库的操作过程,如图 5-23 所示。

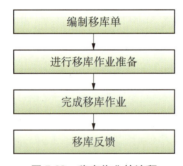

图 5-23　移库作业的流程

培训要点 3:货物调拨业务是什么
货物调拨业务是指企业在运营中涉及的货物从一个仓库转移到另一个仓库的业务,主要有不良品的调拨、商品的连锁库调拨等业务。

调拨单是记录货物在同一公司不同仓库之间移动的凭证。调拨单明细中的数量,即表示需要调拨的货物数量。在调拨单审核后货物将从调出仓库调出,进入调入仓库,从而完成仓库调拨业务。

培训要点 4：调拨作业的流程

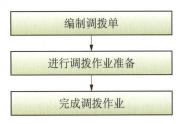

图 5-24　调拨作业的流程

【任务执行】

任务 1：移库任务

步骤 1：编制移库单

根据盘点结果，确定需要移库作业的货物，编制移库单，见表 5-5。

表 5-5　移库单

移库日期：　　年　　月　　日

序号	货物名称	规格型号	原库位	数量	单位	目的库位	备注
1							
2							
3							
	总计						

制单员：　　　　　　　仓库员：　　　　　　　财务：

步骤 2：进行移库作业准备

在仓储管理系统中新增移库任务，生成移库作业任务。

步骤 3：完成移库作业

仓库操作员在接到系统下达的移库任务后，根据相应的要求进行移库作业。

货物移库作业：仓库操作员根据移库单要求在货物原库位对货物进行下架处理。

货物入库作业：仓库操作员根据移库单要求将货物送往移库单上的目的库位，对货物进行上架处理。

移库作业调度：在移库作业完毕后，由仓管员在仓储管理系统中完成移库作业调度。

步骤 4：移库反馈

当操作员完成移库作业后，通知仓管员进行移库反馈操作。

任务 2：调拨作业

步骤 1：编制调拨单

根据盘点结果，确定需要调拨作业的货物，编制调拨单，见表 5-6。

表5-6　调拨单

序号	货物名称	型号	原存货点	数量	调拨目的地	备注
1						
2						
3						

移库日期：

库管员：　　　　　接收人：　　　　　财务核算：

步骤2：进行调拨作业准备

为调拨作业做好相关准备，如：搬运工具准备、人员准备、目的仓库的准备等。

步骤3：完成调拨作业

货物出库作业：仓库操作员在接到调拨单任务后，根据相应的要求进行调拨作业。

货物入库作业：仓库操作员根据调拨单要求将货物送往调拨单上的调拨目的地，对货物进行上架处理。

【技能训练】

训练任务：移库作业实训

根据表5-7所示的移库单上的要求进行移库作业。

表5-7　移库单

移库日期：　　年　　月　　日

序号	货物名称	型号	原库位	数量	单位	目的库位	备注
1	联想键盘	SK-9271	B00102	20	箱	C00103	
2	联想鼠标	M20	C00101	10	箱	B00101	
	总计			30			

制单员：陈浩　　　　　仓管员：　　　　　财务：

模块六 走进配送

任务一 物流职业生涯规划

【任务展示】

在进阶学习之前,我们应该对一般物流企业,特别是仓储配送型企业的组织构成及具体的岗位有一定的认知,以明确我们将来的职业定位,同时也让我们今后的学习更加具有方向性和目的性。

【岗前培训】

培训要点1:什么是职业生涯规划

职业生涯规划是指个人和组织相结合,在对一个人职业生涯的主客观条件进行测定、分析、总结研究的基础上,对自己的兴趣、爱好、能力、特长、经历及不足等各方面进行综合分析与权衡,结合时代特点,根据自己的职业倾向,确定最佳的职业奋斗目标,并为实现这一目标做出行之有效的安排。

培训要点2:仓储配送型企业常见组织架构图

1. 某配送型物流公司组织架构图(如图6-1所示)

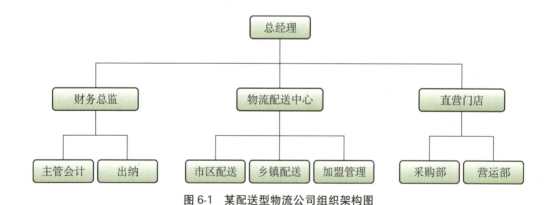

图6-1 某配送型物流公司组织架构图

2. 某仓储型物流公司组织架构图（如图 6-2 所示）

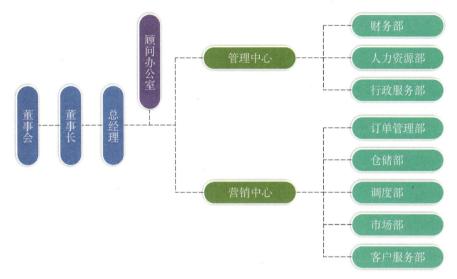

图 6-2　某仓储型物流公司组织架构图

3. 某综合型物流公司组织架构图（如图 6-3 所示）

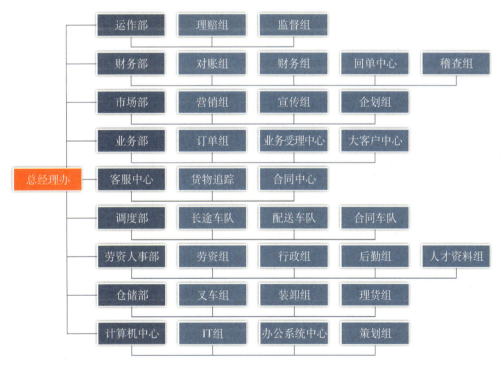

图 6-3　某仓储型物流公司组织架构图

培训要点 3：物流企业的职类职级

通常来说，我国的物流企业通常有以下职类与职级，见表 6-1。

表6-1 物流的职类与职级表

管理类	技术类	业务类	操作类
高层	物流专家		
中层	高级物流师	资深	高级技师
基层	物流师	高级	技师
助理	助理物流师	二级	高级工
—	物流员	一级	中级工

培训要点4：仓储配送型企业基层岗位及工作内容、资质

进入物流企业就职，基层岗位必然是我们会最早涉及的，其主要工作及资质要求见表6-2。

表6-2 仓储配送型企业基层岗位对应的主要工作任务及职业资格证书

职业岗位	典型工作任务	职业资格证书
仓管员	仓储业务操作与管理	仓储管理员证书 物流师证书（三/四级） 叉车司机证（四级）
配送员	配送业务操作与管理	仓储管理员证书 物流师（三/四级） 叉车司机证（四级） 驾驶证（业余自修）
运输调度员	运输业务操作与管理	物流师（三/四级） 叉车司机证（四级） 驾驶证（业余自修）
采购员	采购业务操作与管理	物流师（三/四级） 采购师（业余自修）
业务专员、客服专员	物流市场开发与客户关系管理	物流师（三/四级） 助理电子商务师（业余自修）

培训要点5：仓储配送型物流企业中层职业岗位能力分析

为了更好地明确我们的职业定位，了解中层岗位的工作任务及能力要求也是必要的，见表6-3。

表6-3 仓储配送型物流企业中层职业岗位能力分析表

序号	主要岗位（成长岗位）	工作任务描述	职业能力要求
1	物流市场开发（市场部主管）	根据企业仓库、设施设备、运输车辆、人员等资源和本企业所能提供的物流服务情况，按照经营战略和确定的目标市场，开发项目客	1. 熟悉物流业务流程； 2. 熟悉物流成本构成及核算； 3. 熟悉物流市场运作； 4. 具有良好的沟通协调能力

续 表

序号	主要岗位（成长岗位）	工作任务描述	职业能力要求
1	物流市场开发（市场部主管）	户，与客户建立沟通，针对客户需求进行方案设计和成本核算，签订物流服务合同	
2	仓储管理（仓储主管）	根据商品到货及出库计划，进行仓储入库作业流程设计、商品分类与编码、商品验收流程设计与组织、入库信息处理、储位规划、商品盘点、账卡、档案管理、库存管理、商品养护、出库商品检查、出库商品信息处理、商品配载	1. 熟悉仓库作业的基本流程； 2. 具有设计出入库作业流程的能力； 3. 具有商品分类及编码能力； 4. 具有商品检验能力； 5. 具有仓库分区及储位规划能力； 6. 能够根据商品特性制定养护方案； 7. 能够熟练操作仓储系统软件； 8. 具有盘点差异分析能力； 9. 具有设计出库作业流程的能力； 10. 具有吃苦耐劳的品质
3	车辆调度（运输主管）	负责车辆调配、公路运输组织、运输调度、运输业务管理、运输流程优化、运输场站规划与布置	1. 熟悉运输经营管理； 2. 具有制定运输计划能力； 3. 具有运输线路优化能力； 4. 具有车辆调度能力； 5. 具有较强的沟通协调能力和吃苦耐劳的品质
4	物流信息处理（电子商务运作）	在物流企业或企业物流部门中能运用电子商务手段从事供应链过程中的采购、接运、验收、库存管理等操作	1. 接受并执行订单； 2. 具有熟练操作物流管理系统软件的能力； 3. 具有物流网站设计及管理能力； 4. 具有电子商务运作能力
5	配送（配送主管）	根据订单要求设计配送流程、配送运输组织、配送区域确定、配送线路优化、配送车辆调度、商品配载及配装、配送信息处理	1. 具有设计配送业务流程的能力； 2. 能够根据客户分布情况，合理确定配送区域； 3. 具有配送线路优化及车辆调度能力； 4. 具有针对商品特性和客户要求进行合理配载及配装能力； 5. 具有配送信息监控能力； 6. 具有较强的服务意识、责任感和吃苦耐劳品质
6	采购（采购主管）	与供应商谈判、及时采购到价格合理、充足的、合格的供应商；为新业务提供有竞争力的报价、信息；熟练使用办公软件，进行成本数据测算	1. 具有收集采购信息的能力； 2. 熟悉采购及招投标业务流程； 3. 具有对供应市场的分析能力； 4. 熟悉产品成本构成及成本分析能力； 5. 具有良好的沟通协调能力

【任务执行】

全班随机分成几个项目组,每个组挑选出一名组长,项目任务如下:

任务 A——认识自我(身体状况、人际关系、家庭状况、兴趣、气质、性格、习惯、才智、价值观等)。

任务 B——分析物流行业对从业者的要求(职业兴趣、职业性格、职业能力等)。

任务 C——按照职业要求调试自己的个性(寻找差距,改善自我)。

有以下几个方面的要求:

① 独立完成任务 A。

② 任务 B 由组长组织组员以头脑风暴的方式合作完成,并将成果记录下来。

③ 任务 C 通过自找伙伴互助完成。

最后,根据各组任务的完成情况填写评价表(见表 6-4)。

表 6-4 "物流职业生涯规划项目"任务评价表

项目组		成员				
考评标准	项目	分值/分	自我评价 (30%)	他组评价 (40%)	教师评价 (30%)	合计 (100%)
	积极发言	30				
	善于合作	20				
	书面材料	50				
	合计	100				

【技能训练】

每个人完成一份书面的个人物流职业生涯规划书。

任务二 物流配送业现状调查

【任务展示】

与很多新生事物一样,物流配送也是伴随着生产力的不断发展而发展起来的。自从第二次世界大战后,为了满足日益增长的物资需求,西方工业发达国家逐步发展形成配送中心,以加速库存物资的周转,打破了仓库的传统观念。20 世纪 80 年代以后,受多种社会及经济因素的影响,配送业更是有了长足的发展,而且以高技术为支撑,形成了系列化、多功能的供货活动。

20 世纪 80 年代以来,随着生产资料市场的开放搞活,物资流通格局发生了很大的变化,市场竞争日趋激烈。物资企业纷纷开展配送业务,而新兴的物流企业也纷纷开展起了配送业务。

模块六　走进配送

随着物流热的逐渐升温,城市物流配送业日益得到重视和发展。近年来,我国许多大中城市都开始兴建物流中心、配送中心,物流基础设施逐渐得到改善、整体物流技术水平也开始得到提高。然而由于我国的历史原因,长期以来形成的重生产、轻流通,重商流、轻物流的思想还是没有完全被摒弃,配送的发展在现阶段还很不成熟,存在的问题也不少。

请你通过上网查找资料和翻阅专业书籍等方式,对我国物流配送业的现状进行调查。

【岗前培训】

培训要点1:我国配送业的发展进程

1. 物流配送引入阶段

在物流配送的引入阶段,我国已经在交通设施、物流与技术等方面有了一定的发展,奠定了必要的物流配送基础。随着买方市场的形成,优化企业内部物流管理,降低物流配送成本,开始成为多数国内企业强烈的愿望和要求,大量企业要求提供专业化的物流配送服务。

2. 物流配送信息化取得重大发展阶段

1997年,我国的物流配送信息化发展取得了长足进步,配有国际先进的仓储设备的现代化物流配送仓库和以条形码技术为核心的信息管理系统开始被使用,内外贸的网上订舱系统初步得到应用,实现了电子订舱、电子装箱、电子换单、电子流转、货物信息查询、车辆动态跟踪等信息化服务。

3. 物流配送企业重组整合阶段

2008年,物流配送企业在竞争中重组整合,国有、民营和外资企业"三足鼎立"的态势越发明显。各地加大了对物流配送基础设施建设的投入,物流配送技术装备水平得到提高,物流配送能力明显增强,物流配送管理和技术创新展现出新局面,物流配送行业的基础性工作取得了很好的进展。珠三角地区、长三角地区、环渤海地区以及东北地区加强联合与协调,统筹规划,合力营造区域物流发展的"大环境"。连锁零售、汽车、钢铁、医药、粮食等专业物流迅速发展,带动了相关产业的发展。

4. 现代物流配送中心的基本框架和主要功能即将形成阶段

2006至2010年,中国南方国际现代物流配送中心的基本框架和主要功能已经初步形成;物流成本占GDP的比重接连下降;第三方物流占物流市场的比重达23%。到2010年,全球80%的海运出口市场,都将集中在中国大陆。

培训要点2:我国物流配送业的人才现状

1. 缺乏复合型人才

配送领域人才缺乏,尤其是通晓国际贸易理论与实务、现代物流运作与管理并精通英语的复合型人才的缺乏已成为配送业发展的巨大障碍,这也是造成配送型企业服务水平不高的重要原因。目前国内的物流高级人才主要是留学回国的人员,跟实际人才需要相比,缺口很大。据权威机构调查,国内今后几年物流专业人才的需求量为600余万人,高级物流管理人才到2015年的需求量为34万人。但在目前条件下,至少在数量上就很难满足将来的发展需要。

2. 管理层素质跟不上国际物流业的发展

一些从事物流管理的人员,缺乏诚实守信、爱岗敬业的职业素养;或是对于国际贸易、仓储运输、财务成本管理、外语、法律等理论知识的掌握不够。组织管理协调能力、信息技术的学习和应用能力、服务质量的持续改进能力也较差。

【任务执行】

结合我国的实际,我国物流配送业的现状大体总结如下。

1. 我国物流配送业从总体讲仍处于传统物流阶段

我国物流配送企业与真正意义上的第三方物流配送仍有相当长的距离,我国整个第三方物流配送市场还相当分散,第三方物流配送企业规模小,所占市场份额也少。我国的物流配送业从总体讲虽仍处于传统物流配送阶段,但已开始逐渐向现代物流配送转型。

2. 我国物流配送业的起步阶段还存在诸多问题

第一,诸如管理体制问题、行业规划问题、产业政策问题、物流标准化问题、物流人才问题、对物流配送业认识不同的问题等都是物流配送业发展中存在的客观事实,主要表现在市场准入不规范,到工商部门注册登记物流配送公司没有相关标准可循。

第二,对物流配送的认识有误区,虽然已有了相关国家标准,但由于理解不一,在报刊上各种解释都有,有的数据更是自相矛盾、错误百出。

3. 影响我国物流配送业发展的因素

这些因素包括有体制性因素、市场因素、人才因素、投资因素,但根本上则是企业对第三方物流配送需求不足,物流配送活动没有形成社会化、专业化趋向。如果这个问题不解决,兴建再多第三方物流配送企业都无济于事,全社会物流成本的降低只会成为一句空话。所以改革工作的重点应放在企业自身,特别是生产企业与流通企业,突破点是降低库存。

【技能训练】

训练任务:了解配送行业现状并回答问题

通过阅读专业书籍或网上搜索配送行业的相关资料,完成以下的问题:
① 你认为要成长为配送行业所需要的人才,需要学习哪些方面的知识?
② 针对配送业的现状,你认为作为新兴的配送企业,要如何迎接挑战?

任务三 认识配送

【任务展示】

请两位同学分别扮演张伟和李明(张伟是一家街头零售店老板,李明是某配送中心的送货员)

李明:老板,我来给您送货。

张伟:你们公司送货怎么这么慢?我订的货应该昨天就要送到啊!

李明:对不起,我们公司那边有点问题。

(张伟清点货物)

张伟:怎么你们送来的货与我订单内容不一样啊?

李明:是吗?

张伟:这个货不对,我要的是 150 ml 的饮料,你送的是 500 ml 的;那个产品也送错了,我要 30 瓶,你们只拿了 20 瓶!真是乱七八糟!

请你分析一下为什么会出现这种情况呢？如何避免类似情况再次发生呢？

【岗前培训】

培训要点1：配送的定义

根据《物流术语》中的定义，配送（distribution）是指在经济合理区域范围内，根据客户要求，对物品进行拣选、加工、包装、分割、组配等作业，并按时送达指定地点的物流活动。配送的目的在于最大限度地压缩流通时间、降低流通费用，提高客户服务水平，降低社会的总成本，实现资源的最优配置。

配送的定义中涵盖以下几点内容：

① 配送几乎包含了所有的物流功能要素，是物流的一个缩影，或在某小范围中是物流全部活动的体现，所以配送又被称为"小物流"。

② 配送的实质是送货，但是在送货前要在物流配送中心有效地利用分拣、配货等理货工作，使送货达到一定规模，利用规模优势取得较低的送货成本。因此，配送是特殊的送货，是高水平的送货。

③ 配送是从物流节点对用户终端进行物资配置的运输，在整个运输过程中，处于"二次运输"、"支线运输"、"末端运输"的位置。

④ 配送完全按照用户要求的数量、种类、时间等进行分货、配货、配装等工作。

培训要点2：运输、配送、送货的区别

在物流活动中，运输、配送、送货看起来很相似，但它们都有着各自的区别和特点，见表6-5。

表6-5 运输、配送、送货的区别

项目	主要业务	一般特点
运输	集货、送货、选择运输方式和工具、确定路线和行程、车辆调度	干线、中长距离、少品种、大批量、少批次、长周期的货物移动
配送	分货、配货、送货、选择运输方式和工具、确定路线和行程、车辆调度	支线、市场末端、短距离、多品种、小批量、多批次、短周期的货物移动
送货	由生产企业承担，中转仓库的送货只是一项附带的业务	简单的货物输送活动，技术装备简单

培训要点3：配送类型

1. 按配送中供给与需求的对象分类

（1）企业对企业的配送

这种配送发生在完全独立的企业与企业之间，或者发生在企业集团内的企业之间，基本上是属于供应链系统中企业之间的配送需求。这种情况下的配送需求方，基本上有两种：一种是企业作为最终的需求方；另一种是企业在接受配送服务之后，还要对产品进行销售，这种配送一般称为"分销配送"。

（2）企业内部的配送

企业内部配送大多发生在大型企业之中，一般有两种情况：一种是连锁型企业的内部配

送,由于各种连锁商店经营的物品、经营方式、服务水平、价格水平相同,因此随机因素的影响比较小,计划性比较强,容易实现低成本、精细化的配送;另一种是大型企业的内部配送,进行统一采购,集中库存,按车间或者分厂的生产计划组织配送。

(3) 企业对消费者的配送

企业虽然可以通过会员制、贵宾制等方式锁定一部分消费者,但消费者是一个经常变换的群体,消费者自身需求也在不断变化,服务水平的要求又很高,所以这是最难操作的一类配送。

2. 按配送货物种类及数量分类

(1) 少品种、大批量配送

该方式下,由于配送货物的品种少,所以配送机构的内部组织、策划等管理工作较为简单,而且配送数量大,易于配载,车辆使用效率高。多数可以采取直送方式,因此配送成本较低。这种方式常见于为生产制造企业和批发商开展的配送。

(2) 多品种、少批量配送

这类配送的特点是品种较多,而且货物的配送量不大。这种配送方式相对来说作业难度较大、技术要求高、使用设备复杂,为实现预期的服务目标,必须制定严格的作业标准和管理制度。目前在国内经济较发达地区,这种方式比较常用于生产制造企业零配件的配送和商业连锁体系货物的配送。

(3) 配套(成套)配送

这是按客户的要求,将其所需要的多种物品(成套产品)配备齐全后直接运送到生产企业、建设工地或其他客户。例如,对生产制造企业生产的某一样产品或某一个部件,将其所需的全部零件配齐,再按生产的要求在特定时间送达指定地点,使生产企业能够及时完成装配。这种配送方式强化了物流的服务功能,有利于生产企业实行"准时制"生产。

3. 按配送时间和数量分类

(1) 定时配送

这是指按事先约定的时间间隔进行配送,每次配送的品种及数量可预先计划,也可以临时根据客户的需求进行调整。这种方式由于时间固定,双方均易安排作业计划。但也可能由于配送品种和数量的临时性变化,从而增加管理和作业的难度。定时配送有几种具体的形式:

一是按日配送,即承诺24小时内将货物送达的配送方式,一般上午的配送订货,下午可送达;下午的配送订货,第二天早上送达。

二是准点配送,这是按照双方的协议时间,准时将货物配送到客户的一种方式。这种方式下,可以根据客户的生产节奏,按指定的时间将货送达,比按日配送方式更为精确。

三是快递方式,这是一种能在较短时间实现送达的配送方式,但不确定送达的具体时间,承诺期限按不同地域会有所变化。

(2) 定量配送

这是按规定的批量在一个指定的时间范围内进行配送。定量配送由于配送品种和数量相对固定,备货工作相对简单,而且时间没有严格限制,所以,可以将不同客户所需的商品拼成整车,并对配送线路进行合理优化,节约运力,降低配送成本。

(3) 定时定量配送

这是按规定的时间、规定的货物品种和数量进行的配送。这种方式兼具定时配送和定量配送两种方式的特点,对配送企业的服务要求比较严格,管理和作业的难度较大。由于其配送计划性强、准确度较高,所以相对来说比较适合于生产和销售稳定、产量较大的生产制造企业或大型连锁商场的部分货物配送。

（4）定时定路线配送

这是通过对客户分布状况的分析，设计出合理的配送运输路线，根据运输路线安排到达站点的时刻表，按照时刻表沿着规定的路线运行配送。这种配送方式一般由客户事先提出货物需求计划，然后按规定的时间在确定的站点接收货物，易于有计划地安排运送和接货工作，比较适用于消费者集中的地区。

（5）即时配送

这是根据客户提出的时间要求、商品品种和数量要求，及时地将货物送达指定地点的一种配送方式。即时配送可以满足客户临时的急需，对配送速度、时间要求相当高。因此，通常只有配送设施完备、具有较高管理和服务水平及作业组织能力和应变能力的专业配送机构才能开展即时配送业务。

培训要点 4：配送模式

配送模式按配送的组织者不同可以分成自营配送、共同配送、第三方配送；按配送的产品可以分成生产资料配送和生活资料配送；按新兴配送模式还可以分成超市配送、跨国配送、邮政配送、电子商务配送和冷链配送。具体分类如图 6-4 所示。

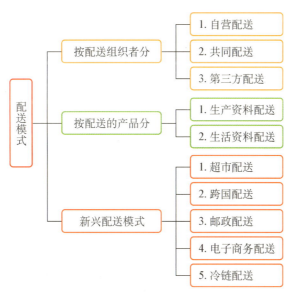

图 6-4　配送模式

培训要点 5：配送的一般流程

配送的一般流程往往涉及多品种、少批量、多批次、多目的地的货物，正是通过配送，这些货物才能有效地实现末端资源配置。配送的一般流程如图 6-5 所示。

图 6-5　配送的一般流程图

【任务执行】

配送实际上就是生产商的产品在整个销售过程中的物流系统,对于任何生产型企业或规模巨大的流通供货商而言,现代化配送系统的建设显得尤其重要。只有严格按照配送的流程来进行作业,加强配送中心的管理,才能避免配送失误的发生,具体做法如下。

步骤1:备货

备货是配送的准备工作或基础工作,包括筹集货源、订货或购货集货、进货及相关的质量检查、结算、交接等内容。配送的优势之一,是可以集中客户的需求进行一定规模的备货。备货是决定配送成败初期的重要工作,如果备货成本太高,也会大大降低配送的效益。

步骤2:储存

配送中的储存有储备及暂存两种状态。

配送储备:是按一定时期的配送经营要求,形成的对配送的资源保证。这种类型的储备数量较大,储备结构也较完善,可以视货源及到货情况,有计划地确定周转储备及保险储备的结构及数量。配送储备有时可在配送中心附近单独设库解决。

配送暂存:是指在具体执行配送时,按分拣配货要求,在理货场地所做的少量货物储存准备;或是在分拣、配货之后,为调节配货与送货节奏而形成发送货载的暂时存放。由于总体储存效益取决于储存总量,所以,暂存的这部分货物数量只会对工作方便与否造成影响,而不会影响储存的总效益,因而在数量上控制并不严格。

步骤3:配送加工

配送加工是流通加工的一种,是按照客户要求,对商品进行包装、分割、计量、分拣、拴标签、组装等简单作业。配送加工在配送中不具有普遍性,但往往会起到很重要的作用。通过配送加工,可以大大提高被配送货物的附加价值并提高客户的满意程度。

步骤4:分拣及配货

分拣及配货是配送区别于其他物流形式的、有特点的功能要素,也是决定配送成败的一项重要支持性工作。分拣及配货是完善送货、支持送货的准备性工作,是不同配送企业在送货时进行竞争和提高自身经济效益的必然延伸,也可以说是送货作业向高级形式发展的必然要求。有了分拣及配货就会大大提高送货服务水平,所以分拣及配货是决定配送系统水平的关键要素。

步骤5:配装

在单个配送数量不能达到车辆的有效载运负荷时,就存在如何将不同用户的配送货物进行搭配装载,充分利用运能、运力的问题,这就需要通过配装来实现。和一般送货的不同在于,通过配装可以大大提高送货水平、降低送货成本、减少运次,同时能缓解交通流量过大造成的交通堵塞,所以配装也是配送系统中具有现代特点的功能要素之一。

步骤6:配送运输

配送运输属于物流运输中的末端运输、支线运输,它与干线运输的区别是,配送运输路线选择问题是一般干线运输所没有的,干线运输的干线是唯一的运输路线,而配送运输由于配送客户多,一般城市交通路线又较复杂,如何选择最佳路线,如何使配装和路线有效搭配等,是配送运输的工作难点。此外,配送运输和一般运输形态的主要区别还在于:配送运输是较短距离、较小规模、频度较高的运输形式,一般使用小货车和其他小型运输车辆作为运输工具。

步骤 7:送达服务

将配好的货物运到客户手中还不算配送工作的结束,这是因为货物送达与客户接货往往会出现不协调,甚至使配送前功尽弃。因此,要圆满实现运达货物的移交,方便、有效地处理相关手续并完成结算,还应讲究卸货地点、卸货方式等。送达服务也是配送所独有的特点。

步骤 8:返程

在执行完配送的送达服务之后,运输车辆需要回程。回程车辆如果空载,就会降低配送效益、提高配送成本,因而在规划配送路线时,回程车辆可将包装物、废弃物、残次品运回、集中处理,或者将客户的产品运回配送中心,作为配送中心的资源,向其他客户进行配送。

【技能训练】

训练任务 1:配送案例分析

有一家销售企业,主要对自己的销售点和大客户进行货物配送,配送方法为:只要销售点和大客户有需求就立即组织装车送货,结果经常造成送货车辆空载率过高,甚至经常出现所有车辆都派出去还有其他客户需求满足不了的情况。所以销售经理一再要求增加送货车辆,但由于资金原因也一直没有再购车。如果你是公司决策人,你会靠买车来解决送货效率低的问题吗?请运用配送的相关知识分析该案例,并提出解决办法。

训练任务 2:配装规划

有三家公司分别向配送中心 A 下了三份订单,甲公司订购的货物为 0.5 t,体积 9 m^3;乙公司所购买的货物为 0.7 t,体积 8 m^3;丙公司所购买的货物为 0.8 t,体积 9 m^3。配送中心 A 的配送车辆每辆载重不超过 1.2 t,载重体积超过 20 m^3。

图 6-6 所示为甲、乙、丙公司及配送中心 A 的地理位置分布,请问应该如何配装比较合理?

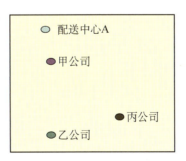

图 6-6 地理位置分布图

模块七 配送中心及其选址

任务一 认识配送中心

【任务展示】

全球最大的连锁便利店7-11便利店之所以取名为7-11,是表示店铺的营业时间是从早上7点到晚上11点。当然,现在便利店已经将营业时间改为24小时全天候营业了,但是这个具有象征意义的名字却延续了下来。

7-11便利店最初发源于美国。1973年,日本约克七加盟进来,与美国南方公司缔结了地区服务和授权合同,开始了日本便利店的历史。7-11便利店在全球20多个国家共有2万多家分店,仅在日本就有9600多家便利店,每年约有31万人次光顾。经过40余年的发展,7-11成为日本最大的连锁便利店。这些店铺分布在全国各个地区,由于加盟店所处的地理位置不同,顾客层次也参差不齐,因此各个店铺中陈列的商品是完全不同的。每家店铺面积大约100—200平方米,他们要从总部推荐的4000多种商品中选择适合本店需求的商品,大约2000—3000多种,并且每年要对这些商品中的70%进行更换,来保证陈列更多的畅销商品,保持自己的新鲜度。但是,各家店铺运送和保存的商品种类、数量和要求各不相同,每一种商品既不能短缺又不能过剩,还要根据顾客的不同需要随时调整货物品种,如此繁杂的商品信息如何能够做到因人而异、因地制宜,就有赖于7-11的物流系统了。

7-11拥有自己的共同配送中心,分别在不同的区域统一集货、统一配送、配送中心配有计算机网络配送系统,目前该系统已经发展到第五代,利用卫星通信和综合数字通信网,将加盟店、厂家、供应商、工厂生产线、配送中心和总部连接在一起。总部每天会定时收到各个店铺发来的POS数据和订货销售数据,然后对数据进行汇总处理,并将处理后的数据传给厂家和共同配送中心,供应商会在预订时间内向中心发送货物。配送中心收到所有货物之后,对各个店铺所需要的货物分别打包,以备发送。7-11采用共同配送系统,把不同厂家的商品载在一台卡车上进行统一送货,而且根据食品保存温度建立了配送体系,举例来说,7-11在日本对食品的分类是:冷冻型(零下20摄氏度)、微冷型(5摄氏度)、恒温型和暖温型(20摄氏度),不同类型的食品用不同的方法和设备配送。商品从厂家到运送再到货架上,整个过程都保持同一温度,这种配送体系能够将商品以最新鲜的状态提供给顾客。此外,不同食品对配送时间和频率的要求也并不相同。对于一般商品,实行一日三次的配送制度:早上3—7点配送前一天晚上生产的一般商品,早上8—11点配送前一天晚上生产的特殊食品,下午3—7点配送当天上午生产的食品。这种配送频率能够在保证商店不缺货的同时,保证食品的新鲜程度。对于有特殊要求的食品,以冰激凌为例,7-11会绕过配送中心,由配送车在一天内分早中晚三次直接从生产商送到各店铺。为了确保各店铺供货万无一失,配送中心还建立了特别店铺紧急配送制度,倘若店铺碰到一些特殊情况造成缺货,可以通知配送中心,配送中心会利用安全库存对店铺开展紧急配送,如果安全库存告罄,中心会向供应商紧急订货,并在第一时间送到缺货的店铺中。整个配送过程每日循环往复,支撑着7-11的正常运行。

在7-11的配送系统中,信息技术起着重要的作用,以送货车为例,每辆送货车上都装有定位仪器,通过GPS卫星定位系统,总部能够随时给每辆车提供送货路线和天气状况等信息,如果遇到意外情况,不能按时送到货,总部会立即调度另一辆车去送,以保证按时送到。

阅读案例,搜集相关资料,讨论并完成以下问题:
① 了解7-11物流配送模式先后经历了哪几个阶段的变革。
② 为什么7-11要自建配送中心?

【岗前培训】

培训要点1:配送中心的概念

根据《物流术语》中的定义,配送中心(distribution center,缩写为DC)是指从事配送业务、具有完善的信息网络的物流场所或组织,应基本符合下列条件:1)主要为特定的用户服务;2)配送功能健全;3)完善的信息网络;4)辐射范围小;5)多品种,小批量、多批次、短周期;6)主要为末端客户提供配送服务。

理解配送中心的概念,要注意区分配送中心与仓库、物流中心的联系与区别,见表7-1。

表7-1 配送中心与仓库、物流中心的比较

项目	配送中心	仓库	物流中心
服务对象	特定用户	特定用户	面向社会
主要功能	各项配送功能	物资保管	各项物流功能
经营特点	配送为主、储存为辅	库房管理	强大的储存、吞吐能力
配送品种	多品种	—	品种少
配送批量	小批量	—	大批量
辐射范围	小	小	大
保管空间	保管空间与其他功能各占一半	都是保管空间	—

培训要点2:建设配送中心的目的

1. 扩大市场占有率

企业除了提供品质优良的商品外,还必须提供适时适量的配送服务,作为企业增加营业额的秘密武器,进而扩大市场占有率。

2. 降低成本

降低物流成本是建设配送中心最根本的目的。一般的连锁企业与生产企业的营业部门整合成立大型的配送中心,提高作业效率,从而降低库存和运输配送费用。成本的降低主要体现在:资源、人员的统筹利用和配送线路的缩短。

3. 提高服务质量

随着经济的日益发展,消费者对品牌的迷信度越来越低,产品间的品质差异也越来越小,

因此当要购买的品牌缺货时,消费者多数都会马上以其他品牌取而代之。所以,商店里应尽可能地销售畅销物品,库存数量最好是既不太多,又不会缺货。因此,商店会要求多品种少批量的订货及多频度的配送,也就是要求快速反应处理订货及出货。通过设立配送中心,可以从以下几个方面提高服务品质:

① 降低交货时间。
② 提高交货频度。
③ 降低缺货率、误配率。
④ 安排紧急配送、假日配送。
⑤ 开展流通加工。
⑥ 通过培训,改善司机的服务态度。

培训要点3:配送中心的分类

1. 按配送中心的设立者分类

(1) 制造商型配送中心

制造商型配送中心是生产企业为了把本身产品直接销售给消费者所建的配送中心。这种配送中心的货物全部由自己生产制造,建立目的是为了降低物流费用、提高售后服务质量,及时地将预先配齐的成组元器件运送到规定的加工和装配工位。例如,日产丰田汽车销售公司上乡工厂的配送中心,以自动化仓库为主体,占地13500平方米、库高25米,共有15个巷道、库存37674个货位。配送中心保管由该工厂自己生产、包装好的汽车维修配件,并按订货要求发送到各用户。

(2) 批发商型配送中心

批发是产品从制造者到消费者手中之间的传统流通环节之一,一般是按部门或产品类别的不同,把每个制造厂的产品集中起来,然后以单一品种或搭配组合向消费地的销售商进行配送。这种配送中心的货物来自各个制造商,它所进行的一项重要的活动是对货物进行汇总和再销售,而它全部的进货和出货都是社会配送的,社会化程度高。例如,国美电器2012年门店数量达到1049家,销售收入约478.67亿元,其巨额采购得到了厂家最优惠的价格和政策,而规模化的配送体系降低了其物流费用,增强了企业竞争力。

(3) 零售商型配送中心

零售商型配送中心是当零售商发展到一定规模后,就可以考虑建立自己的配送中心,为专业零售商店、超市、百货商店、建材商场、粮油食品商店、宾馆饭店等服务,其社会化程度介于制造商型和批发商型之间。例如,世纪联华大型综合超市,2012年全年营业额约160.82亿元,盈利约3.53亿元,较2011年增加0.22亿元。当年新增门店390家,大型超市15家,一般超市171家,便利店204家;门店总数达5150家,其中85%集中在华东地区。

(4) 专业物流配送中心

专业物流配送中心是以第三方物流企业(包括传统的仓储和运输企业)为主体的配送中心。这种配送中心具有很强的运输配送能力,地理位置优越,可迅速将到达的货物配送到用户处。配送中心为制造商或供应商提供物流服务,货物仍属于制造商或供应商所有,配送中心只提供仓储管理和运输配送服务。这种配送中心的现代化程度往往比较高。

2. 按服务范围分类

(1) 城市配送中心

城市配送中心是向城市范围内的众多用户提供配送服务的物流组织。由于城市范围一般处于汽车运输的经济里程,这种配送中心可直接采用汽车配送至最终用户。所以,这种配送中心往往和零售经营相结合,由于运距短、反应能力强,因而在从事多品种、少批量、多用户的配送时较有优势。

(2) 区域配送中心

区域配送中心辐射能力较强、活动范围较大,可以跨市、跨省、对全国乃至国际范围的用户进行配送。这种配送中心配送规模较大,一般是配送给下一级的城市配送中心,也配送给营业所、商店、批发商和企业用户,虽然也从事零星货物的配送,但不是主体形式。

3. 按配送中心的功能分类

(1) 储存型配送中心

储存型配送中心有很强的储存功能。例如,美国赫马克配送中心拥有一个包含 16.3 万个货位的储存区,瑞士 GIBA-GEIGY 公司的配送中心拥有规模居世界前列的储存库,可储存 4 万个托盘。我国目前建设的配送中心,多为储存型配送中心,库存量较大。

(2) 流通型配送中心

流通型配送中心包括通过型及转运型配送中心,基本上没有长期储存的功能,是仅以暂存或随进随出的方式进行配送和送货的配送中心。其典型方式为大量货物整批进入,按一定批量零出。一般采用大型分货机,进货就是直接进入分货机传送带,分送到各用户货位或直接分送到配送汽车上。例如,日本阪神配送中心就属此类,在配送中心内只有暂存功能,大量储存则依靠一个大型补给仓库。

(3) 加工型配送中心

加工型配送中心是一种根据用户需要对配送物品进行加工,而后实施配送的配送中心。闻名于世的麦当劳、肯德基的配送中心就是提供加工服务后向其连锁店配送的典型。在工业、建筑、水泥制品等领域的配送中心同样属于这种类型,如:石家庄水泥配送中心既提供成品混凝土,又提供各种类型的水泥预制件,直接配送至用户。

4. 按配送货物的属性分类

根据配送货物的属性,配送中心可以分为食品配送中心、日用分配中心、医药品配送中心、化妆品配送中心、家电用品配送中心、电子产品配送中心、书籍产品配送中心、服饰产品配送中心、汽车零件配送中心以及生鲜处理中心等。

培训要点 4:配送中心的功能

1. 采购功能

为了满足用户的要货需求,配送中心要根据市场的供需变化,及时调整采购计划,并由专门的部门或人员负责商品采购。

2. 存储功能

为了有效地组织货源,调节生产与消费、进货与供货之间的时间差,更好地发挥保障生产和消费需要的作用,顺利有序地完成配送服务,配送中心通常要具有一定的存储能力,配备一定数量的仓储设备。

3. 分拣功能

为了同时向不同用户配送多种货物,配送中心必须采取适当的方式对组织进来的商品进行拣选,同时按照配送计划分装和配装货物。配送中心的这一功能是其与传统仓储企业的显著区别之一,也是配送中心最重要的特征之一。

4. 集散功能

集散也称配货、分散，是配送中心利用各种先进的设施设备，将分散在各个生产企业的产品（货物）集中在一起，经过分拣、装配后，形成经济、合理的货载批量发运至多家用户。配送中心对货物的集散，可以提高车辆的满载率，降低物流成本。

5. 流通加工功能

为了更加切合用户的需求，配送中心将组织进来的货物流通加工具有一定规格、尺寸和形状，其流通加工功能是配送中心服务职能的具体体现。加工形式主要有以下三种：切割加工、分装加工、分拣加工。

6. 信息处理功能

完善的信息处理系统是配送中心运营、决策的重要支撑，它可以帮助配送中心及时获取销售数据，合理组织货源，拟定采购计划，控制库存。

【任务执行】

1. 了解 7-11 物流配送模式的变革过程

7-11 的物流配送模式先后经历了 3 个阶段的变革。

第一阶段是批发商送货。7-11 早期的供应商都有自己的批发商，而且每个批发商一般都只代理一家供应商的产品。批发商就是联系 7-11 和其供应商间的纽带，也是它们之间传递货物、信息和资金的通道。供应商把自己的产品交给批发商以后，对产品的销售就不再过问，所有的配送和销售都由批发商来完成。在这种体系下，如果 7-11 经营一系列商品的话，就必须同许多不同的批发商打交道，每个批发商都要单独用卡车向门店送货，送货效率很低，而且送货时间无法确定。

第二阶段是集约化配送。上述由各个批发商分别送货的方式无法满足规模日渐扩大的连锁商店的需要，在分销渠道上进行改革已经是迫在眉睫。于是，通过整合和重组，在新的分销系统下，由某一个固定的批发商负责若干销售活动区域，管理来自不同供应商的产品。也就是说，通过和批发商、供应商签署协议，不再是多家批发商分别向各个门店送货，而是由一家在一定区域内的特定批发商统一管理该区域内的同类供应商，然后向 7-11 统一配货，这种方式称为集约化配送。集约化配送有效降低了批发商的数量，减少了配送环节，节省了物流费用。

第三阶段是自建配送中心。自建的配送中心代替了特定批发商，可以分别在不同的区域统一收货、统一配送。配送中心的优点还在于让 7-11 从批发商手上取回了配送的主动权，能随时掌握在途商品、库存货物等的数据，对财务信息和供应商的其他信息也能全部掌握，对于 7-11 来说，这些数据都是至关重要的。

2. 7-11 自建配送中心的原因及启发

（1）配送中心成为 7-11 的制胜法宝

7-11 公司将物流路径集约化转变为物流共同配送系统，即按照不同的地区和商品群划分，组成共同配送中心，由该中心统一集货，再向各店铺配送。地域划分一般是在中心城市商圈附近 35 千米，其他地方市场为 60 千米，各地区设立一个共同配送中心，以实现高频度、多品种、小单位配送。实施共同物流后，其店铺每日接货的运输车辆数量从 70 多辆缩减为 12 辆。另外，这种做法令共同配送中心充分了解商品销售、在途和库存的信息，使 7-11 逐渐掌握了整个产业链的主导权。在连锁业价格竞争日渐激烈的情况下,7-11通过降低成本费用,为整体利润的提升争取了相当大的空间。

有了自己的配送中心,7-11就能和供应商谈价格了。7-11和供应商之间定期会有一次定价谈判,以确定未来一定时间内大部分商品的价格,其中包括供应商的运费和其他费用。一旦确定价格,7-11就省下了每次和供应商讨价还价这一环节,少了口舌之争,多了平稳运行,7-11为自己节省了时间也节省了费用。

配送的细化随着店铺的扩大和商品的增多,7-11的物流配送越来越复杂,配送时间和配送种类的细分势在必行。以台湾地区的7-11为例,全省的物流配送就细分为出版物、常温食品、低温食品和鲜食食品四个类别的配送,各区域的配送中心需要根据不同商品的特征和需求量每天做出不同频率的配送,以确保食品的新鲜度,以此来吸引更多的顾客。新鲜、即时、便利和不缺货是7-11的配送管理最大特点,也是7-11店铺的最大卖点。

除了配送设备,不同食品对配送时间和频率也会有不同要求。对于一般的商品,7-11实行的是一日三次的配送制度:早上3点到7点配送前一天晚上生产的一般食品,早上8点到11点配送前一天晚上生产的特殊食品,如:牛奶、新鲜蔬菜等,下午3点到6点配送当天上午生产的食品,这样一日三次的配送频率在保证了商店不缺货的同时,也保证了食品的新鲜度。为了确保各店铺供货的万无一失,配送中心还有一项特别配送制度来和一日三次的配送相搭配。每家店铺都会随时碰到一些特殊情况造成缺货,这时只能向配送中心打电话告急,配送中心则会用安全库存对店铺紧急配送,如果安全库存也已告罄,中心就转而向供应商紧急要货,并且在第一时间送到缺货的店铺。

(2) 7-11配送中心给我们的启示

建设区域性的物流配送中心是社区便利连锁经营模式的基本选择。配送中心统一供货,从根本上解决了便利店因为面积狭小、经营数量有限而导致的经营品种少、商品质量难以保证、商品价格相对较高的问题。在这一点上,7-11的成功经验可以为区域性和城市性便利店的物流配送中心建设提供良好的借鉴。

【技能训练】

训练任务:案例分析

石狮地区是福建省最重要的纺织服装产业基地和民生产品集散地,全市及周边地区纺织服装企业多达2万多家,鸳鸯池布料市场、亚太纺织面料市场和南洋路布料商业街等汇聚了来自国内及东南亚各国1000多家布料供应商,这些企业对物流的依赖程度相当大,需要大容量的仓储和充足的货运能力。"石狮市纺织服装物流规划"的出台也吸引了大批国内外先进物流企业入驻,开始大力建设各类物流基础设施。

石狮未来的物流体系分为一个综合物流中心和两个专业物流配送中心。综合物流中心即石湖综合物流中心,作为区域性物流配送中心,服务整个闽南地区,辐射全国各主要城市、区域,并承担部分对外贸易、转口贸易的国际物流业务,其重点针对纺织服装产品和辅料,具有全面处理仓储、包装、装卸、配送、联运、信息的综合功能。两个配送中心分别是指服装城流通配送中心和彭田仓储配送中心。其中,服装城流通配送中心为城市物流中心,以成衣配送为主,为石狮服装城入驻企业提供储存、配送服务,主要配送区域为石狮、晋江,辐射整个闽南地区;彭田仓储配送中心为城市物流中心,以服装辅料、布料配送为主,提供较为完善的仓储服务,配送区域主要为石狮、晋江,辐射周边地区。

专家认为,彭田仓储配送中心的建设,将为石狮地区特别是石狮西区的纺织服装企业提供快捷服务,至少能在 30 分钟内将配送中心的货物送达市区客户,减少耗损,降低企业物流成本。

阅读案例,并思考以下问题:
为什么石狮要建设彭田仓储配送中心?

任务二 配送中心如何选址

配送中心的选址会直接影响配送中心各项活动的成本,同时也关系到配送中心的正常运作和发展,因此配送中心的选址和布局必须在充分调查分析的基础上综合考虑自身经营的特点、商品特性及交通状况等因素,在详细分析现状及预测的基础上展开。

【任务展示】

某超市在过去的几年中发展迅速,已经在市区内陆续开店 6 家,由于规模不断壮大,原有的送货模式已经不能满足需求,并且造成资源的浪费和效率的下降。基于以上原因,该超市打算自建配送中心,那么配送中心应该建在哪里呢?(6 家超市和 4 个备选的配送中心位置如图 7-1 所示)

图 7-1 选址分析

【岗前培训】

培训要点1：配送中心选址的布局

配送中心选址是以提高物流系统的经济效益和社会效益为目标，根据供货状况、需求分布、运输条件、自然环境等因素，运用系统工程的方法，对配送中心的地理位置进行决策的过程。

当一个物流系统中需要设置多个配送中心，这时不仅需要确定配送中心的位置，而且还要对配送中心的数量、规模、服务范围等进行决策，建立一个服务好、效率高、费用低的物流网络系统，即网点布局。

一个物流系统只设置一个配送中心，称为单中心选址布局；如果设置多个配送中心，则称为多中心选址布局。图7-2的A和B分别为单中心和多中心配送网络示意图。

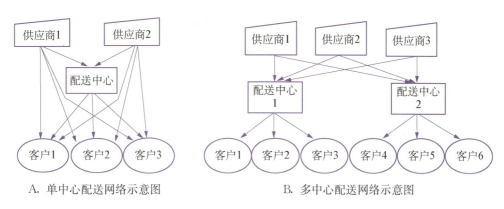

图 7-2　单中心和多中心配送网络示意图

培训要点2：配送中心选址的原则

1. **适应性原则**

配送中心的选址必须与国家以及省市的经济发展方针、政策相适应，与我国物流资源分布和需求分布相适应，与国民经济和社会发展相适应。

2. **协调性原则**

配送中心的选址应将国家的物流网络作为一个系统来考虑，使配送中心的设施设备在地域分布、物流作业生产力、技术水平等方面相协调。

3. **经济性原则**

配送中心的选址应定在市区、近郊区。由于其未来物流辅助设施的建设规模，及建设费用、运输费用等物流费用是不同的，选址时应以总费用最低作为配送中心选址的经济性原则。

4. **战略性原则**

配送中心的选址，应具有战略发展的眼光。一是要考虑全局，二是要考虑长远。局部要服从全局，当前利益服从长远利益；既要考虑目前的实际需要，又要考虑日后发展的可能。

培训要点3：配送中心选址应考虑的主要因素

1. **自然环境因素**

（1）气象条件

在配送中心的选址过程中，主要考虑的气象条件有温度、风力、降雨量、无霜期、冻土深度、年平均蒸发量等指标。例如,选址时要避开风口,因为在风口建设的配送中心投入使用后,其露天堆放的商品会加速老化。

(2) 地质条件

配送中心是大量商品的集结地。某些堆放密度很大的建筑材料堆放起来,会对地面造成很大的压力。如果配送中心地面以下存在着淤泥层、流沙层、松土层等不良地质条件,就会在受压地段造成地面沉降等不良后果,为此配送中心的选址对土壤承载力的要求要高。

(3) 水文条件

配送中心的选址需远离容易泛滥的河川流域与地下水上溢的区域。必要时,还应查找近年来的水文资料。

(4) 地形条件

配送中心的选址应选择在地势较高、地形平坦的地方,而且应具有适当的地貌外形。完全平坦的地形是最理想的,其次是稍有坡度或起伏的地方。

2. 经营环境因素

(1) 经营环境

配送中心所在地的物流产业政策对物流企业的经济效益将产生重要影响,数量充足和素质较高的劳动力也是配送中心选址需要考虑的因素之一。

(2) 客户分布

配送中心是为客户服务的,自然要考虑客户的分布情况。对于商业配送中心,其客户主要是超市和零售商店,分布在城市内人口较密集的地区。配送中心为了提高服务水平及降低配送成本,配送中心多建在城市边缘、接近客户分布的地区。

(3) 供应商分布

配送中心的选址应考虑供应商的分布地区,因为物流的商品全部是由供应商供应,如果配送中心越接近供应商,则其商品的安全库存可以控制得越低。但是因为国内一般进货的运输成本是由供应商负担的,因此有时这个因素会得不到重视。

(4) 商品特性

经营不同类型商品的配送中心最好能分别布局在不同地域,例如,生产型配送中心的选址应与产业结构、产品结构、工业布局紧密结合进行考虑。

(5) 物流费用

物流费用是配送中心选址需要考虑的重要因素之一。大多数配送中心选择接近物流服务需求地,例如,选址接近大型工业、商业区,有利于缩短运距、降低运费等物流费用。

(6) 服务水平

在现代物流服务市场中,能否实现准时运送是评价配送中心服务水平高低的重要指标,因此,在考虑配送中心的选址时,要能保证客户可在任意时候向配送中心提出物流需求时,都能获得快速满意的服务。

3. 基础设施因素

(1) 交通条件

交通条件是影响配送成本和物流效率的重要因素,特别是大宗物资的配送。配送中心必须具备方便的交通运输条件,最好靠近交通枢纽进行布局,例如,紧邻港口、交通主干道枢纽、铁路或机场,保证有两种以上运输方式的连接,如图 7-3 所示。

图 7-3　某煤炭配送中心优越的交通条件

（2）公共设施状况

配送中心的所在地，要求城市道路、通信等公共设施齐全，有充足的供应电力、水、热、燃气的能力，并且地区周围要有污水、固体废物处理能力。

（3）地区或城市规划

配送中心规划属于地区或城市规划的一部分，必须符合城市规划的要求，包括布局、用地，以及与其他行业规划的协调。

4. 其他因素

（1）环境保护要求

配送中心的选址需要考虑保护自然环境与人文环境等方面，尽可能降低对城市生活的干扰。大型转运枢纽应设在远离市中心的地方，尽量不影响或很少影响城市交通环境和城市的生态建设。

（2）火灾防范

由于配送中心是火灾重点防护单位，不宜建在易散发火种的工业设施附近，也不宜建在居民住宅区。

培训要点 4：配送中心选址常用的方法

目前物流中心选址的方法大致有以下几种。

1. 加权因素分析法

加权因素分析法是常用的选址方法中使用最广泛的一种。它以简单易懂的模式将各种不同因素进行综合。加权因素分析法的具体步骤如下：

① 决定一组相关的选址因素。

② 对每一因素赋予一个权重以反映这个因素在所有权重中的重要性。每一因素的分值根据权重来确定，权重则要根据成本的标准差来确定，而不是根据成本值来确定。

③ 对所有因素的打分设定一个共同的取值范围，一般是 1—10 分，或 1—100 分。

④ 对每一个备选地址，根据所有因素按设定范围打分。

⑤ 用各个因素的得分与相应的权重相乘，并把所有的因素的加权值相加，得到每一个备选地址的最终得分值。

⑥ 选择得到最高总分值的地址作为最佳选址。

【例】 某配送中心有四个候选地址（A、B、C、D），影响因素有 10 个，其权重见表 7-2，求最优方案。

表 7-2 加权因素评价表

影响因素	权重	候选方案 A		候选方案 B		候选方案 C		候选方案 D	
		评分	得分	评分	得分	评分	得分	评分	得分
劳动条件	7	2	14	3	21	4	28	1	7
地理条件	5	4	20	2	10	2	10	1	5
气候条件	6	3	18	4	24	3	18	2	12
资源供应	4	4	16	4	16	2	8	4	16
基础设施	3	1	3	1	3	3	9	4	12
产品销售	2	4	8	4	8	3	6	4	8
生活条件	6	1	6	1	6	2	12	4	24
环境保护	5	2	10	3	15	4	20	1	5
政治文化	3	3	9	3	9	3	9	3	9
扩展条件	1	4	4	4	4	2	2	1	1
总计			108		116		122		99

解答：在表中方案 C 得分最高，选为最优方案。

2. 重心法

重心法首先要在坐标系中标出各个地点的位置，目的在于确定各点的相对距离。在国际选址中，经常采用经度和纬度建立坐标。然后，根据各点在坐标系中的横纵坐标值求出成本运输最低的位置坐标 x 和 y，重心法使用的公式是：

$$C_x = \frac{\sum D_{ix} V_i}{\sum V_i} \quad C_y = \frac{\sum D_{iy} V_i}{\sum V_i}$$

公式中：

C_x——重心的 x 坐标；

C_y——重心的 y 坐标；

D_{ix}——第 i 个地点的 x 坐标；

D_{iy}——第 i 个地点的 y 坐标；

V_i——运到第 i 个地点或从第 i 个地点运出的货物量。

最后，选择求出的重心点坐标值对应的地点作为要布置设施的地点。

对单一设施选址，重心法是一种有效的选址方法，目前，对重心法的研究也相对比较成熟。

【例】某配送中心，每年需要从 P_1 地运来铸铁，从 P_2 地运来服装，从 P_3 地运来煤炭，从 P_4 地运来日用百货，各地与某城市中心的距离和每年的材料运量见表 7-3。请用重心法计算出该配送中心的坐标位置。

表 7-3 重心法示例数据

原材料供应地及其坐标(km)	P_1		P_2		P_3		P_4	
	x_1	y_1	x_2	y_2	x_3	y_3	x_4	y_4
距离市中心坐标距离(km)	20	70	60	60	20	20	50	20
年运输量(t)	2000		1200		1000		2500	

解答：根据题目信息，将表 7-2 中的相关数据导入公式中，得出：

$$Cx = \frac{\sum D_{ix} V_i}{\sum V_i} = (20 \times 2000 + 60 \times 1200 + 20 \times 1000 + 50 \times 2500) /$$

$$(2000 + 1200 + 1000 + 2500)$$

$$\approx 38.4 (千米)$$

$$Cy = \frac{\sum D_{iy} V_i}{\sum V_i} = (70 \times 2000 + 60 \times 1200 + 20 \times 1000 + 20 \times 2500) /$$

$$(2000 + 1200 + 1000 + 2500)$$

$$\approx 42.1 (千米)$$

(3) 所以该配送中心应该在坐标为(38.4,42.1)的位置。

3. CFLP 法

CFLP(capacitated facility location problem)是一种启发式的方法。当配送中心的能力有限制，而且用户的地址和需求量以及设置配送中心的数目均已确定的情况下，可采用 CFLP 法，从配送中心的备选地址中选出总费用最小的由多个配送中心组成的物流系统。

4. 数学规划方法

数学规划方法包括：线性规划、非线性规划、整数规划、混合整数规划和动态规划、网络规划算法等。

【任务执行】

步骤 1：准备阶段

准备阶段的主要工作是进行资料收集和管理，包括调查地价、建设费用、交通、水电供应、设施现状等情况，以及分析客户分布、配送量、配送路线等业务现状。

步骤 2：分析阶段

根据资料提出若干候选地址，拟定评价方法与指标体系，对方案进行评价，选出最佳地址。如果不能得出最佳地址或者所选地址明显不合理，就需要不断改进评价方法。

步骤 3：决策阶段

审查最佳地址的地理、地形、环境、交通、劳动等条件是否适合配送中心的作业要求，根据需求预测分析所选地址能否满足扩建的需要，并对方案进行可行性研究。

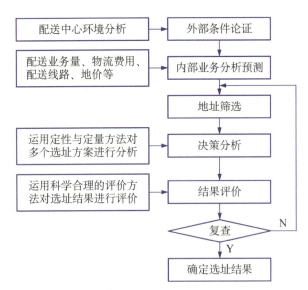

图 7-4 配送中心选址决策的一般过程

 【技能训练】

训练任务 1：加权因素分析法的应用

某配送中心有四个候选地址（Ⅰ、Ⅱ、Ⅲ、Ⅳ），影响因素有 10 个，其权重见表 7-4，请填写完成该表，并选出最优方案。

表 7-4 加权因素评价表

影响因素	权重	候选方案Ⅰ		候选方案Ⅱ		候选方案Ⅲ		候选方案Ⅳ	
		评分	得分	评分	得分	评分	得分	评分	得分
劳动条件	7	3		5		4		2	
地理条件	5	5		3		2		4	
气候条件	6	2		2		2		2	
资源供应	4	1		2		2		3	
基础设施	3	3		2		3		4	
产品销售	1	5		3		3		4	
生活条件	6	1		1		2		4	
环境保护	5	1		4		4		1	
政治文化	3	2		3		3		2	
扩展条件	2	3		2		2		1	
总计									

模块七 配送中心及其选址

训练任务 2:重心法的应用

某配送中心,每年需要从 A 地运来煤炭,从 B 地运来日常用品,从 C 地运来服装,从 D 地运来钢铁,各地与某城市中心的距离和每年的材料运量见表 7-5。请用重心法计算出该配送中心的坐标位置。

表 7-5 重心法演算数据

原材料供应地及其坐标(km)	A		B		C		D	
	x_1	y_1	x_2	y_2	x_3	y_3	x_4	y_4
距离市中心坐标距离(km)	30	80	70	70	30	30	60	30
年运输量(t)	2500		1500		1200		3000	

训练任务 3:配送中心选址的案例分析

设施选址程序由于受到环境、方法和相关政治问题的影响而变得相当复杂。1993 年,美国塔吉特百货连锁店在为发展中的芝加哥地区的市场服务而建立一个 9.3 万平方米的分销中心的选址中,就遇到了这样的问题。塔吉特使用室内模型软件分析了由 55 个团体提供的成本和税务鼓励,其中包括了诸多因素,如:市场的接近度、运输成本、劳动力成本及其可用性。最初的分析将选址限于三个可能的地点,然后选择了威斯康星州的 Oconomoroc 的工业园。

塔吉特完成了所有必要的法律程序来为 Oconomoroc 的选址开工,并相信选址程序已经完成。然而,此时一个称作"银湖环境协会"的非营利性环境组织在威斯康星州收集了许多庭审案例,要求进一步听证。该组织关心的问题集中于暴风雨的排水及其地表水的影响和雇员交通而引起的空气污染影响,以及根据现行的法令是否会在任何方面破坏到环境。塔吉特项目的反对者相信这个项目是政治上权衡的结果。银湖环境协会的律师这样讲:"我们已潜心于研究各层次的许多不同的庭审案例,底线是这将要进行多年。我们理解塔吉特想很快转移。所以我认为,他们会意识到,转移到更适合于其工作和设施建设的地方是明智的。"

从威斯康星州的角度来看,规划一个进攻性的提倡商业的态度而非反发展的姿态是重要的。威斯康星的发展部一位公共信息官员说:"这个社区的人们在发布建设方案之前就知道这个计划。现在为了保护这个地址,必须符合 58 项独立的条件,这不是一件好像今天你加入进来,明天你就能得到允许的事情。在这里,我们试图避免官僚主义,所以在这里如果你能在 90 天内得到一个处理的许可,那就是个好消息。"

从塔吉特的角度看,公司已经决定在未来的情况下,必须有足够的时间来准备"许可"程序(在这一事件上)及任何潜在的政治上的动乱。不久以前,社区还很愿意接受像塔吉特这样的大项目,但是由于环境、社会和基础设施会受到损害,当地律师团体就将问题矛头直接指向选址程序。在这些条件下,公司最佳的战略似乎是直接面对环境程序,因为这将有可能由此得到合法权。因而这个战略也意味着一个更漫长的过程,但结果可能是会提供一个最终所有涉及方更容易接受和满意的解决方案。

阅读案例,并思考以下问题:
配送中心选址需要考虑的非技术因素应包括哪些内容?

模块八 配送中心内部规划

任务一 配送中心作业区域规划

【任务展示】

当一个新建配送中心的土建工程完毕后,管理者马上要面对的问题是:确定配送中心的平面分为哪些功能区域,这些区域的相对位置如何设计以及各区域的面积大小等。这就是配送中心的平面布置所包含的内容。明鸿科技公司为晋职物流公司建设的配送中心作业区长120米、宽100米、高8米,预计每日装卸处理量为50车左右。如果你是配送中心的经理,你将怎样为该配送中心设计功能区呢?

【岗前培训】

培训要点1:配送中心布置需要考虑哪些因素

一般来说,配送中心布置需要考虑的常见因素可归纳为EIQRSTC,这些因素往往是穿插在各个阶段的,是需要综合考虑的因素,其分别代表的意义见表8-1。

表8-1 配送中心布置考虑因素

序号	缩写	全称	含义
1	E	Entry	客户,即配送的对象和客户
2	I	Item	品项,即配送的商品种类
3	Q	Quantity	数量,即配送商品的数量、库存量
4	R	Route	通路,即配送的通路
5	S	Service	服务,即物流的服务
6	T	Time	时间,即物流的交货时间
7	C	Cost	成本,即物流成本

客户(E):客户的类型不同、数量不同,对出货的影响很大。例如,客户是经销商或大卖场时,出货可能以整托盘或者整箱出货为主,而客户如果是便利商店,则出货以单件为主,需要拆零后出货。

品项(I):在不同的行业中,品项数量、品项的大小体型差别很大。品项的数量一般会影响储位的规划,而品项外形尺寸则会影响到货架的设计和搬运工具等。

数量(Q)：库存量是最重要的考虑因素之一，量的大小决定库容的大小。因为库存量常有波动，规划如果按照平均量来设定，则需要考虑高峰期间外租仓库；如果按照高峰量规划，则在淡季会有仓库闲置问题。另外，规划还要考虑业务成长带来的库容需求增长的问题。

通路(R)：配送通路的类型与配送出货的特性关系很大，需要理解配送通路的类型才能进行规划，目前通路的类型有很多。

服务(S)：物流中心希望以最低的成本达到客户对服务品质的要求，但是保证服务品质需要物流中心投入的设备、人力等资源和制度相配套。而客户对服务品质要求的提升，如：紧急配送、夜间配送或者流通加工等，这些对规划都有影响。

时间(T)：这也是服务品质的一部分。因为客户尤其关注到货时间，也就是客户发订单后到收到配送货品之间的时间间隔，到货时间会影响到配货的频次，如：某些客户是每天配送一次，某些可能是2—3天配一次货，这些都对物流中心的设备配置和区域需求有影响。

成本(C)：配送中心的规划和建设需要资金的支持，运营过程也需要投入资源，这些都和成本密切相关，成本与服务品质存在正向的关联性，故成本需纳入考量。

客户、品项、数量三要素常被放在一起进行相互的交叉分析，即 EIQ 分析，通过 EIQ 分析可以更全面地掌握进出货的特性，从而为规划提供重要的决策依据。

配送中心的平面布置一般要在建设之前就预先规划完毕，但是由于物流业务的多变性，常常需要阶段性地对平面布置进行调整。

平面布置的优劣对于配送中心的运作效率和效益具有举足轻重的影响，通过科学合理的方法对平面布置进行设计是配送中心顺利投入运营的必要前提。

培训要点 2：配送中心平面布置的要求

1. 要适应配送中心作业过程的要求

① 平面布置的物流流向必须是单向的。

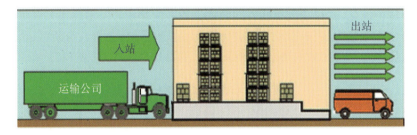

图 8-1　平面布置的物流流向示意图

② 最短的搬运距离。
③ 最少的装卸环节。
④ 最大的利用空间。

2. 要有利于提高配送中心的经济效益

要因地制宜，充分考虑地形、地质的条件，利用现有资源和外部协作条件，根据设计规划和库存物品的性质能够更好地选择和配置设备，以便最大限度地发挥其功能。

3. 要有利于保证安全和职工的健康

配送中心的建设要严格执行《建筑设计防火规范》的规定，留有一定的防火间距，并备有防火防盗安全设施。作业环境的安全卫生标准要符合国家的有关规定，以利于职工的身体健康。

培训要点 3：配送中心作业区域布置的一般流程

在对配送中心作业区域进行布置时，应遵循如图 8-2 所示的流程。

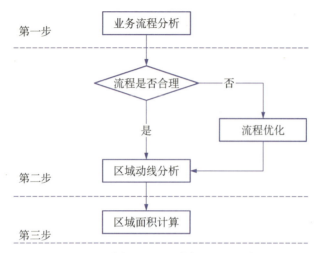

第一步
第二步
第三步

图 8-2　配送中心作业区域布置流程示意图

【任务执行】

步骤 1：进行业务流程分析，确定作业功能区域

在进行配送中心的布置之前，首先要先进行配送中心作业流程的分析，这是区域需求的来源，也是区域规划的基础。新建配送中心可沿用已有的业务流程，但是如果当前的业务流程运作存在严重的效率问题或者其他问题，又或者在不远的将来会有新的仓储信息系统上线，就需要对业务流程进行优化，避免重复实施有问题的流程。配送中心一般需要具备如下功能区域，包括：入库月台、入库暂存区、入库验收区、存储区、办公室（或信息区）、分货区、拆零区、流通加工区、集货区、出库暂存区、出库合流区、出库月台、返品处理区等，见表 8-2。

表 8-2　配送中心功能区域表

作业主流程	作业子流程	主要涉及区域
进货入库	预收货	入库月台
	卸货	入库暂存区
	验收	入库验收区
	入库上架	存储区
仓储与库存管理	盘点	存储区
	库存安全	存储区
订单处理	接单	办公室
	库存分配	办公室

续　表

作业主流程	作业子流程	主要涉及区域
补货和拣货	补货	分货区
	拣选	分货区、拆零区
流通加工	包装	流通加工区
	标示	流通加工区
出货作业	复核	集货区
	合流	出库暂存区
	点货上车	出库月台
返品作业	返品处理	返品处理区

步骤2：配送中心区域动线分析

在确定了配送中心需要哪些功能区域后，下一项工作就是确定这些功能区域分布的相对位置。由于区域的功能已确定，通过库内的动线规划就可以确定各区域大体上的位置。动线优化遵循的基本原则是"不迂回、不交叉"。严格意义上的动线最优化，需要通过"行走距离最小"的原则进行精细计算，实际操作中应根据货物整体的进出货特性选择合适的动线模式，常见区域动线类型见表8-3。

表8-3　常见区域动线一览表

动线类型	动线描述	动线特点
U型动线	在仓库的一侧是相邻的入库月台和出库月台。如果有大量的货物需要一入库马上就进行出库操作，可以考虑U型	① 码头资源的最佳运用； ② 适合越库(cross docking)作业的进行； ③ 使用统一通道供车辆出入； ④ 存储区靠内侧布置，比较集中，易于控制和安全防范； ⑤ 可以在建筑物的三个方向进行空间扩张
I型动线	入库月台和出库月台位于仓库的两端，一般不适用于自动化仓储系统(AS/RS system)	① 可以应对进出货高峰同时发生的情况； ② 常用于接收相邻加工厂的货物，或用不同类型的车辆来进货和出货
L型动线	需要处理快速货物的仓库通常采用L型动线，L型动线可以把货物出入库的路径缩至最短	① 可以应对进出货高峰同时发生的情况； ② 适合越库作业的进行； ③ 可同时处理"快流"和"慢流"的货物； ④ L型动线的出入库理货区同时占据了仓库的长度和宽度，会感觉空间浪费比较严重
S型动线	需要经过多步骤处理的货物一般采用S型动线	① 可以满足多种流通加工等货物处理工序的需要，且在宽度不足的仓库也可作业

这四种常见区域动线的示意图,如图 8-3 至图 8-6 所示。

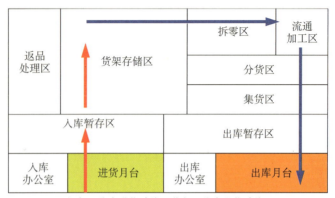

(红色:代表进货动线;蓝色:代表出货动线)

图 8-3　U 型动线示意图

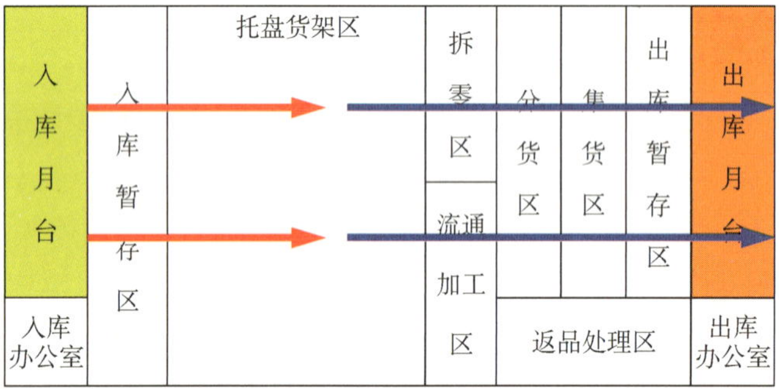

(红色:代表进货动线;蓝色:代表出货动线)

图 8-4　I 型动线示意图

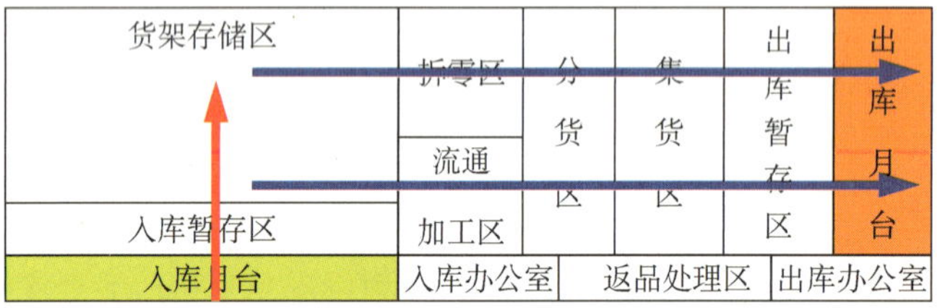

(红色:代表进货动线;蓝色:代表出货动线)

图 8-5　L 型动线示意图

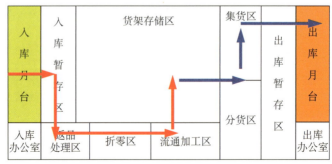

(红色:代表进货动线;蓝色:代表出货动线)

图 8-6　S 型动线示意图

步骤3：区域面积计算

1. **存储区域空间需求计算流程（如图8-7所示）**

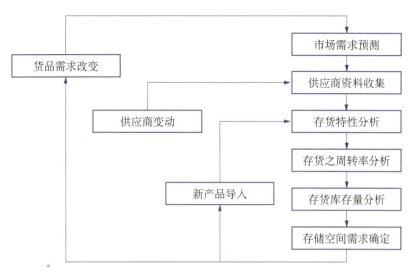

图8-7 存储区域空间需求计算流程

由于配送中心存储模式的多样性，有些货物通过货架来存储，有些则落地码放。货架也分不同的类型，其单位面积存储能力有一定差异。故总存储面积的需求可按以下公式计算：

A货物的总存储面积 = A货物单位量的存储面积 × A货物的平均存储量 × A货物存储量的波动系数 × A货物存储量的成长系数

波动系数 = 1 + 安全系数 × 相对标准差

服务水平及安全系数见表8-4。总存储面积等于所有货物的存储面积之和。

表8-4 服务水平及安全系数表

服务水平	安全系数	服务水平	安全系数
100.00	3.09	96.00	1.75
99.99	3.08	95.00	1.65
99.87	3.00	90.00	1.80
99.20	2.40	85.00	1.04
99.00	2.33	84.00	1.00
98.00	2.05	80.00	0.84
97.70	2.00	75.00	0.68
97.00	1.88	—	—

2. **周转区域面积计算**

周转区可分为入库暂存区和出库暂存区。对于配送中心来说，由于进货通常为大批量少品种,且入库后检验完毕需立刻上储位存储,所以入库暂存区的面积一般都不大,也有配送中心不设置入库暂存区,而直接利用入库月台来解决问题。

对于出库暂存区,由于出货通常为多品种少批量,且拣货模式较为复杂,常需要进行出货备货、合流、复核等一系列的作业,所以应设计有较大面积的专门区域。

3. 其他区域面积计算

配送中心的其他区域主要有通道、办公区域、休息室、叉车充电区及工具存放区等。其他区域面积的要求见表8-5。

表8-5 其他区域面积要求

区域名称	区域细分	区域面积
仓库通道	叉车通道	宽度约3—4米
	辅助通道	宽度约1—2米
	人行通道	宽度约0.8—1.2米
办公区域	会议室、讨论室、洽谈室	人均办公面积5—10平方米
休息室	给体力作业人员、司机休息用	人均使用面积4—5平方米
叉车充电区	—	位置不能太偏,以便取用
工具存放区		可配置小型货架

【技能训练】

训练任务1:计算库存区域面积

某企业新建仓库,其当前的每月库存量见表8-6,经测算每1万件货品需存储面积8立方米,库存量每年季节性波动规律相同,该仓库的存储量年增长约为5%,仓库需满足未来5年业务增长的需求。如果按照满足平均库存量的需求,需要规划多大的库存区域?如要满足大多数时间内(如:84%)的存储需求则需规划多大的库存区域?

表8-6 规划当前每月库存量

月份	一月	二月	三月	四月	五月	六月
库存量	1200	1500	1800	2000	1600	800
月份	七月	八月	九月	十月	十一月	十二月
库存量	600	1100	1900	1700	1300	1200

注:每月的库存量一般采用月底结存量,如果当月的库存波动很大,则采用峰值法。

训练任务2:仓库货品摆放方案设计

某仓库的平面如图8-8所示,仓库只有一个出入口,内有9个库区,每个库区的存放量为20个托盘,存储A、B、C、D四类货物,其最近3个月的进销存数据见表8-7,请根据以上数据,以动线最短原则,设定各类货物的库存区域。

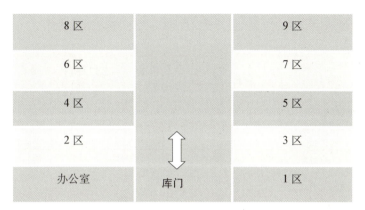

图 8-8　某仓库的平面简图

表 8-7　近 3 个月的进销存数据

货品	期初库存量	第一个月			第二个月			第三个月		
		出库量	入库量	库存量	出库量	入库量	库存量	出库量	入库量	库存量
A	38	45	43	36	27	34	43	37	35	41
B	15	50	56	21	60	57	18	45	48	21
C	42	26	22	38	17	26	47	28	16	35
D	65	34	57	88	23	15	80	25	17	72

任务要求：

① 全班分成若干项目组，选出项目组长。

② 所有成员在 Excel 软件中创建工作表格，将表 8-7 的数据录入到 Excel 表格中，利用软件的统计功能计算出各类货物出库量、入库量、库存量的月均值，并算出 A、B、C、D 分别需要占据多少库区，并将数值填写在表 8-8 中。

③ 所有成员在 Excel 中算出各类型货品的月周转率，公式为：月周转率 =（出库量月均值 + 入库量月均值）/（月均库存量 × 2）。

④ 所有成员利用所学仓库动线知识，画出库区分配图。

⑤ 在完成上述任务后，各项目组召开会议，定出该项目最终的库区分配方案，并派代表上台阐述本组的方案。通过开展自评和互评，完成项目测评表（见表 8-9）。

表 8-8　计算结果表

货品	月均值			其他数值		
	出库量	入库量	库存量	占托盘数	占库区数	月周转率
A						
B						
C						
D						

表 8-9 "仓库货品摆放方案设计"项目完成情况测评表

项目组		成员				
考评标准	项目	分值/分	自我评价（30%）	他组评价（40%）	教师评价（30%）	合计（100%）
	积极参与	30				
	正确计算	20				
	方案合理	20				
	团队的合作精神	30				
	合计	100				

任务二　配送中心作业设备配置

【任务展示】

明鸿科技公司为晋职物流公司建设的配送中心作业区长 120 米、宽 100 米、高 8 米，布局规划已经基本完毕，如果你是配送中心的经理，你要如何为配送中心配置设施设备呢？

【岗前培训】

培训要点 1：配送中心的设备构成

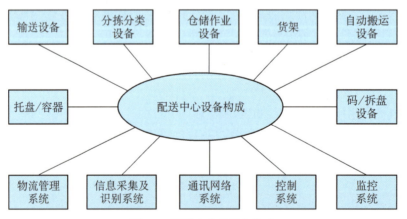

图 8-9　配送中心的设备构成

培训要点 2：选择货架要考虑哪些因素

表 8-10　选择货架需要考虑的因素

序号	考虑因素	考虑细节
1	货物特性	尺寸、重量、储存单位、包装形式、材质特性等

续　表

序号	考虑因素	考虑细节
2	出入库量	先进先出、存取频率等
3	存取性	储存密度、选取性、储位管理、储位数等
4	搬运设备	配重式、跨立式、通道宽度、提升高度、提升重量、旋转半径等
5	库房结构	可用高度、支柱位置、地面条件、消防设备等

各种货架的性能比较

表 8-11　各种货架性能比较表

比较项目	托盘货架	窄道式	倍深式	驶入式	流动式	后推式	移动式	自动化立体仓库
货架占用面积	大	中大	中	小	小	中	小	小
存储密度	低	中	中	高	高	中	高	高
空间利用	普通	好	好	很好	非常好	好	非常好	很好
先进先出	可	可	不可	不可	可	不可	可	可
通道数	多	多	中	少	少	少	少	多
单位纵深货位数	1	1	2	最多15	最多15	最多5	1	2
堆叠高度(米)	6	15	10	10	10	10	10	14
存取设备(各式叉车或堆垛机)	配重式跨立式	跨立式堆垛机	倍深式	配重式跨立式	配重式跨立式	配重式跨立式	配重式跨立式	堆垛机
出入库能力	中	中	中小	小	大	小	小	大

【任务执行】

步骤1:选择储存设备

根据配送中心储存区的规划,一般选择高层货架(high level rack)和轻型货架(light duty rack)作为储存设备。

1. 高层货架

高层货架是自动化仓库(AS/RS)和高层货架仓库的主要组成部分,如图8-10所示。随着单元货物重量和仓库高度的提高,要求货架立柱、横梁的刚度和强度也要随之提高;随着仓库自动化程度的提高,要求货架制造和安装精度也相应提高。高层货架的高精度是自动化仓库的主要保证之一。

图 8-10 高层货架

图 8-11 整体式自动化立体仓储货架

按照货架的构造形式高层货架可分为整体式自动化立体仓储货架和分离式自动化立体仓储货架。

（1）整体式自动化立体仓储货架

自动化立体仓库的高架钢骨为房屋建筑物结构体，将房屋建筑物的屋顶与墙壁直接装设在仓库钢架的上面及外面，形成一体的建筑物。同时自动消防系统也将利用钢架作为消防配管支架，形成整体式自动化立体仓储货架。

（2）分离式自动化立体仓储货架

在已完成的库房建筑内，直接装设仓库钢架，形成与库房分别独立的结构体，称为分离式自动化立体仓储货架。一般高度在15米以内并且规模较小。小型自动立体仓库大多采用分离式自动化立体仓储货架。

图 8-12 分离式自动化立体仓储货架

图 8-13 轻型货架

2. 轻型货架

轻型货架是用优质钢板制造，表面采用静电喷涂处理，防腐、防锈、坚固美观。它的各种规格及承重设计可满足工厂、仓库、转配线和仓储超市的使用要求。当需要每层承重的货物在100—250千克时，这种货架是最理想的选择。另外，它还可组合成平台使用。因此，轻型货架适合于工厂储存轻型散件物品和超市仓储使用。

步骤 2：选择输送设备

输送机是按照规定路线连续地或间歇地运送散料、物料和成件物品的搬运机械。在物流系统中，搬运作业以集装单元化搬运最为普遍，因此所用的输送机也以单元负载式输送机为主。

常见的输送机有带式输送机、链式输送机、滚珠式输送机、辊道式输送机、悬挂式输送机、单轨输送机、垂直输送机等。

1. 带式输送机

带式输送机是一种利用连续而具有挠性*的输送带连续输送物料的输送机，主要由机架、输送带、托辊、滚筒、张紧装置、传动装置等组成，如图 8-14 所示。它既可以进行碎散物料的输送，也可以进行成件物品的输送。除进行纯粹的物料输送外，还可以与各工业企业生产流程中工艺过程的要求相配合，形成有节奏的流水作业运输线。

图 8-14　带式输送机

图 8-15　链式输送机

2. 链式输送机

链式输送机是利用链条牵引、承载，或由链条上安装的板条、金属网、辊道等承载物料的输送机，如图 8-15 所示。

3. 滚珠式输送机

滚珠式输送机采用滚珠来取代辊道的输送机，结构简单，一般用于无动力驱动的场合，如图 8-16 所示。适用于成件包装货物或者整底面物料的短距离搬运。

4. 辊道式输送机

辊道式输送机是利用辊子的转动来输送成件物品的输送机。它可沿水平或曲线路径进行输送，结构简单，安装、使用、维护方便，如图 8-17 所示。对不规则的物品可放在托盘或者托板上进行输送。

---

* 注：挠性是指物体受力变形，作用力失去之后不能恢复原状的性质。

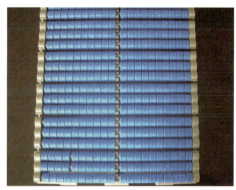

图 8-16 滚珠式输送机

图 8-17 辊道式输送机

5. 悬挂式输送机

悬挂式输送机属于链条牵引式的连续输送机,如图 8-18 所示。悬挂式输送机是综合型机械化输送设备,它广泛地应用于汽车、家电、服装、屠宰、邮政等行业,作为车间之间和车间内部机械化、自动化的连续输送设备。

图 8-18 悬挂式输送机

6. 单轨输送机

单轨输送机是由在特定的空中轨道上运行的电动小车组成,是组合承载的、全自动的搬运系统的装置,如图 8-19 所示。

模块八　配送中心内部规划

图 8-19　单轨输送机

7. 垂直输送机

垂直输送机能连续地垂直输送物料,使不同高度上的连续输送机保持不间断的物料输送,如图 8-20 所示。也可以说,垂直输送机是把不同楼层间的输送机系统连接成一个更大的、连续的输送机系统的重要设备。

步骤 3:选择拣选设备

为了提高拣选效率,可以选择如下的拣选设备。

1. 电子标签拣选系统(DPS)

电子标签拣选系统(digital picking system)是一种计算机辅助的无纸化拣货系统。其原理是在每一个货位上安装数字显示器,利用计算的自动化控制操作将订单信息传输到数字显示器内,拣货人员将根据数字显示器所显示的数量拣货,拣完货之后按"确认"按钮即可完成拣货工作,使用 DPS 拣货约优点如图 8-21 所示。

图 8-20　垂直输送机

一般拣货出现的问题	使用 DPS 拣货的优点
✓耗时长 ✓差错多 ✓操作人数多 ✓依赖熟练工 ✓临时工不固定 ✓传票使用多 ✓拣货数量不准确	✓拣货速度只需一般拣货时间的 1/2–1/3 ✓操作人员只需一般操作人员的 1/2–1/3 ✓任何人都可以马上作业 ✓实现无纸化手工作业 ✓拣货失误率降低到 0.01%–0.03%

图 8-21　DPS 拣货的优点

2. 自动拣选系统

分拣的动作由机械负责完成,电子信息输入后自动完成拣选作业,无需人员介入。自动拣选系统(automatic picking system)一般与自动化立体仓储系统相整合,当拣选信息导入时,自动存取机会根据拣选指令移至指定货位,取出或存放货品。该系统常被用于价值高、出库量大且频繁的 A 类货品。

图 8-22　电子标签拣选系统

【技能训练】

训练任务 1：根据图 8-23 的示意，说说图中 A－J 指的分别是什么设备

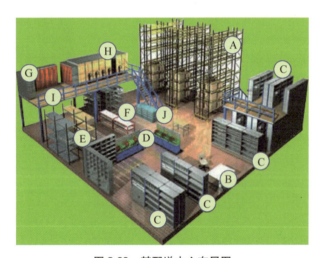

图 8-23　某配送中心布局图

训练任务 2：根据图片提示，完成表 8-12 的填写任务

表 8-12　输送机一览表

图片	器械名称	作用

续 表

图片	器械名称	作用

模块九 配送中心业务处理

任务一 订单处理作业

订单处理是物流活动的起点。在该环节,客户与企业双方通过人员洽谈或电子商务等多种方式完成物流服务委托,是企业为客户提供配货、运输、货代等服务的前提。

订单处理的效率会直接影响到客户服务水平,同时也是物流作业合理性和有效性的表现。

【任务展示】

萨姆森—帕卡德公司是生产各种规格工业用软管接头及阀门的企业。公司每天要处理50份订单,每份订单的发货周期为15至25天。其中订单处理时间为4至8天,生产备货的时间为11至17天。由于订单处理时间过长,客户经常抱怨。后来,公司通过改变订单处理流程,减少订单处理时间,使订单的发货周期缩短了25%,客户满意度因而大大提高,也使客户更加依赖该公司的物流服务,巩固了其在行业中的地位。

所以,订单处理必须满足当今世界以时间、速度和可靠性为主要衡量标准的客户服务水平,才能提高企业竞争力。那要如何有效、正确地接单,并简化接单作业呢?如何对大量而繁杂的订货信息进行高效分类与汇总?如何掌握订单进度,使后续配送作业有序、正确地开展呢?

【岗前培训】

培训要点1:订单处理作业的含义及作用

根据《物流术语》中的定义,订单处理(order processing)是指有关客户和订单的资料确认、存货查询和单证处理等活动。订单处理作业是指从接到客户订货开始到准备着手拣货为止的作业阶段,对客户订单进行品项数量、交货日期、客户信用度、订单金额、加工包装、订单号码、客户档案、配送货方法和订单资料输出等一系列的技术工作。

配送中心的订单处理模式通常为订单准备、订单传递、订单登录、按订单供货、订单处理状态追踪,如图9-1所示。

订单处理既是配送中心作业的开端,也是整个信息流作业的起点。订单处理不仅把上下游企业紧密地联系在一起,而且处理输出的各种信息指导着配送中心内部的采购管理、库存管理和储存、拣货、分类集中、流通加工、配货核查、出库配装、送货及货物的交接等各项作业有序高效地展开,以实现配送服务的7R要求*,如图9-2所示。

---

* 注:配送服务的7R要求包括:right quantity(合适的数量)、right quality(合适的质量)、right commodity(合适的商品)、right price(合适的价格)、right time(合适的时间)、right place(合适的地点)、right impression(良好的印象)。

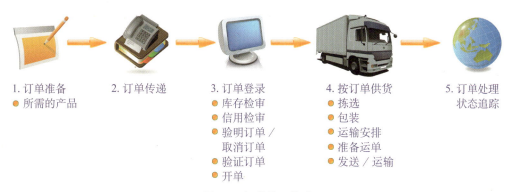

图 9-1 订单处理模式

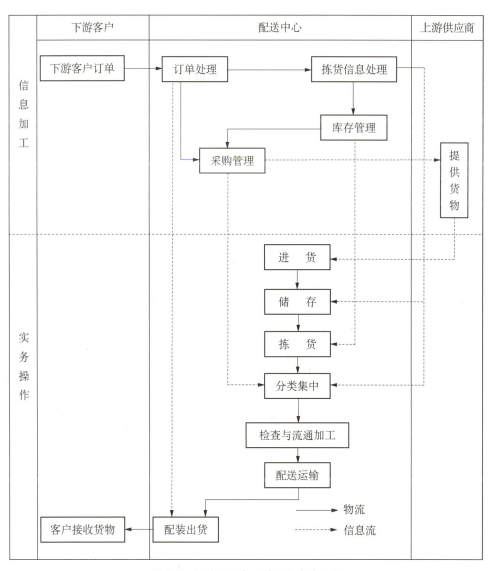

图 9-2 订单处理在配送流程中的作用

培训要点 2:不同订单交易形态和处理方式

表 9-1 订单交易形态与处理方式说明

订单类别	含义	具体处理方法
一般交易订单（常见订单）	接单后按正常的作业程序拣货、出货、配送、收款结账的订单	接单后,将资料输入订单处理系统,按正常的订单处理程序处理,资料处理完后进行拣货、出货、配送、收款结账等作业
现销式交易订单	与客户当场直接交易、直接给货的交易订单	订单资料输入前就已把货物交给了客户,故订单资料不需再参与拣货、出货、配送等作业,只需记录交易资料,以便收取应收款项
间接交易订单	客户向物流中心订货,但由供应商直接配送给客户的交易订单	接单后,将客户的出货资料传给供应商由其代配。客户的送货单是自行制作或委托供应商制作的,应对出货资料（送货单回联）加以核对确认
合约式交易订单	与客户签订配送契约的交易。如签订在某期间内定时配送某数量的商品	约定送货日到时,将该资料输入系统进行处理以便出货配送;或一开始输入合约内容并设定各批次送货时间,在约定日到时系统会自动处理
寄库式交易订单	客户因促销、降价等市场因素而先行订购某数量商品,以后视需要再要求出货的交易	当客户要求配送寄库商品时,系统应查核是否属实,若有,则出货是要从此项商品的寄库量中扣除。注意此项商品的交易价格是依据客户当初订购时的单价来计算
兑换券交易订单	将客户通过兑换券所兑换的商品配送出货	将客户兑换的商品配送时,系统应查核是否属实,若有,应依据兑换的商品及兑换条件予以出货,并回收客户的兑换券、更新资料

培训要点 3:订单处理内容和流程

订单管理要求为企业提供一个展示服务项目的平台,以供客户浏览和选择。客户对感兴趣的服务项目进一步查看服务类别、价格等详细信息,确定委托后,向企业下订单。

已确认的订单应迅速、准确地传输到销售部门,同时传输给存货部门、运输部门、流通加工部门、财务部门等;将订单的需求分解到具体物流服务活动中,如:存货核对、运输、流通加工等,同时需要生成相应的一系列物流服务单据,如:拣货单、订车单、加工单等,供相关人员共享,用以开展相应的工作流程,及时提供物流服务。

订单处理的内容及其基本的流程如图 9-3 所示。

【任务执行】

步骤 1:接受客户订单

接单是订单处理作业的第一步骤,配送中心接受客户订货的方式主要有传统订货方式和电子订货方式两大类。随着流通环境及科技的发展,接受客户订货的方式也逐渐由传统的人工下单、接单,演变为计算机之间直接收发订货信息的电子订货方式。

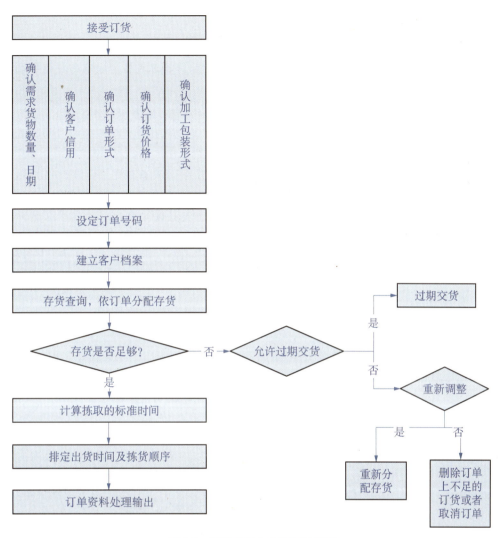

图 9-3　订单处理作业流程示意图

1. 传统订货方式

表 9-2　传统的订货方式

方式	具体操作
1. 厂商补货	供应商将货物放在车上,一家家去送货,缺多少补多少。对于周转率较快或新上市的商品使用较多
2. 厂商巡货、隔日送货	供应商派巡货人员前一天先至各客户处巡查需补充的商品,隔天再进行补货
3. 电话口头订货	订货人员将商品名称及数量,以电话口述的方式传达,向厂商订货
4. 传真订货	客户将缺货资料整理成书面资料,利用传真机传给厂商
5. 邮寄订单	客户将订货表单或订货资料邮寄给供应商

续 表

方式	具体操作
6. 客户自行取货	客户自行到供应商处看货、取货,此种方式多为以往传统杂货店因地域较近所采用
7. 业务员跑单接单	业务员至各客户处推销产品,而后将订单带回或紧急时以电话先联络公司通知接单

不管利用表9-2中任何一种传统方式订货,都需要进行记录和建档工作,如图9-4所示,要完成这些工作,就需依靠人工输入资料,还会经常遇到重复输入、重复填写传票等情况,并且在输入输出过程中容易耽误时间及产生错误,造成资源的浪费。尤其现今客户更趋向于多品种、小批量、高频度的订货,且要求快速、准确无误地配送,传统订货方式已无法应付客户的需求。

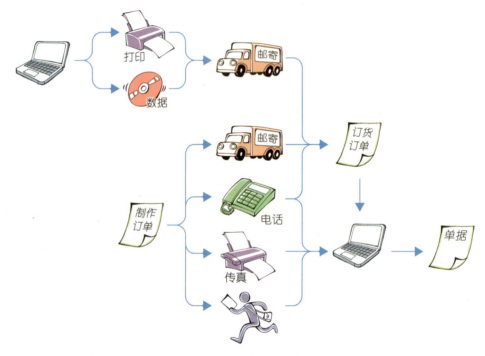

图 9-4 传统订货方式

2. 电子订货方式

电子订货,就是通过电子传递方式取代传统人工书写、输入、传送的订货方式,即将订货资料转为电子资料形式,再由通信网络传送进行订货。电子订货方式可分为三种,见表9-3。

经应用实践,电子订货系统对于销售零售业来说:下单快速、正确和简便;商品库存适量化,只订购所需数量,可分多次下单;完全适应多品种、小批量和高频率的订货方式;有效缩短交货时间,减少了因交货出错的缺货概率,也减少了进货、验货作业。而电子订货系统对于供应商而言:简化了接单作业,缩短了接单时间,减少了人工处理错误,使接单作业更加快捷、正确和简便;减少了退货处理作业;可以满足用户多品种、小批量和高频率的订货要求;缩短了交货的前置时间。

表9-3 电子订货方式

电子订货方式	1. 订货簿或货架标签配合手持终端及扫描器	2. 销售时点管理系统（POS）	3. 电子订货系统（EOS）
			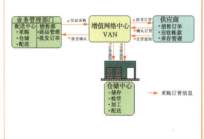
具体操作	订货人员携带订货簿及手持终端及扫描器巡视货架，若发现商品缺货则用扫描器扫描订货簿或货架上的商品标签，再输入订货数量，利用计算机网络将订货资料传给总公司或供应商	客户设定安全存量，每当售出一笔商品时，计算机自动扣除该商品库存，当库存低于安全存量时，即自动生成订货资料，将此订货资料确认后即可通过信息网络传给总公司或供应商	电子订货系统是指不同组织间利用通信网络和终端设备进行订货作业与订货信息交换的系统。客户信息系统里若有订单处理系统，可将应用系统产生的订货资料，经由特定的软件转换功能转成与供应商约定的通用格式，并在约定时间里将资料传送出去

步骤2：客户订单确认

1. 确认货物名称、数量及日期

订单资料的基本检查。尤其当要求送货时间有问题或出货已延迟时，更需要再次与客户确认一下订单内容或更正期望运送时间。

2. 确认客户信用

查核客户的财务状况，确定其是否有能力支付该件订单的账款，其做法多是检查客户的应收账款是否已超过其信用额度。可通过在系统中输入客户代号（名称）、订购货品资料两种途径进行查询。

3. 确认订单形态

配送中心面对众多的交易对象，由于客户的需求不同，其做法也会有所不同，反映到接受订货业务上，则具有多种的订单交易形态及相应的处理方式（见表9-1）。

4. 确认订货价格

对于不同的客户、不同的订购量，可能有不同的售价，在输入价格时应在系统中加以核对。

5. 确认加工包装

客户对于订购的商品，是否有特殊的包装、分装或贴标签等要求，以及有关赠品的包装等资料都需要详细地加以确认和记录。

6. 设定订单号码

每一张订单都要有其单独的订单号码，所有配送工作说明单及进度报告均应随附此号码。

步骤3：建立客户档案

将客户信息详细记录，不但能使此次交易进行得更顺利，而且也有利于以后增加合作机

会。客户档案应包含订单处理需要用到的,以及与物流作业相关的资料,包括:

① 客户姓名、代号、等级(产业交易性质)。
② 客户信用额度。
③ 客户销售付款及折扣率的条件。
④ 开发或负责此客户的业务人员。
⑤ 客户配送区域。例如:地区、省、市、县及城市各区域等,基于地理位置或相关特性将客户按不同区域分类将有助于提升管理及配送的效率。
⑥ 客户收账地址。
⑦ 客户点的配送路径顺序。按照区域、街道、客户位置,为客户分配适合的配送路径顺序。
⑧ 客户点适合的车辆类型。客户所在地点的街道对车辆大小会有所限制。
⑨ 客户点的卸货特性。由于建筑物本身或周围环境特性(如:地下室有限高或高楼层),可能造成卸货时有不同的需求及难易程度,在车辆及工具的调度上必须加以考虑。
⑩ 客户配送要求。客户对于送货时间有特定要求或有协助上架、贴标签等要求。
⑪ 过期订单处理指示。若客户能统一决定每次延迟订单的处理方式,则可事先将其写入资料档案,以省去临时询问或需紧急处理的不便。

客户档案有各种形式,配送中心可根据订单处理系统的要求自行设计,格式见表9-4。

表9-4 客户档案表

编制日期:		片区:		新客户标志:		业务员:	
客户全称:				客户编号:			
单位详细地址:							
法人代表:				联系电话:			
订(供)货负责人:				联系电话:			
送货地址:							
送货车辆类型:							
客户点卸货特性:							
客户配送要求:							
客户销售付款:				折扣率的条件:			
过期订单的处理方式:							
其他说明:							
企业规模				注册类型			
单位类别				隶属关系			
上年固定资产值				上年总产值			
潜在购买力							
往年信用情况说明							

续　表

今年信用完成能力分析					
受信等级	□一级	□二级	□三级	□四级	□五级
上年销售情况：		上年贷款回笼情况；			
本年销售计划：		本年回笼计划：			
与我司合作历史：		主要竞争对手：			
本年销售采取的方案说明：					
备注：					

步骤 4:存货查询与分配

1. 存货查询

存货查询的目的是确认是否有库存能够满足客户需求,又称"事先拣货"。存货档案的资料一般包括货品名称、代码、产品描述、库存量、已分配存货、有效存货及期望进货时间。查询存货档案资料,看此商品是否缺货,若缺货则应提供商品资料或是此缺货商品是否已经采购或入库等信息,便于接单人员与客户协调是否改订其他替代品或是允许延后出货等权宜办法,以提高人员的订单率及接单处理效率。

2. 存货分配

(1) 分配模式

将订单资料输入系统,确认无误后,最主要的处理作业在于如何将大量的订货资料进行最有效的汇总分类、调拨库存,以便后续的物流作业能够有效进行。存货分配的两种模式如下。

单一订单分配:此种情况多为线上即时分配,即在输入订单资料时,就将存货分配给该订单。

批次分配:累计汇总数笔已输入的订单资料后,再一次分配库存。配送中心因订单数量多、客户类型等级多,且多为每天固定配送次数,因此通常采用批次划分以确保库存能作出最佳的分配,但需注意订单分批灵活处理的原则与方法,见表 9-5。

表 9-5　订单批次分配的处理原则与方法

批次划分原则	处理方法
1. 按接单时序划分	将整个接单时段划分成几个区段,若一天有多个配送批次,可配合配送批次,将订单按接单先后分为几个批次处理
2. 按配送区域或路径划分	将同一配送区域或路径的订单汇总后一起处理
3. 按流通加工需求划分	将需要加工处理或需要作相同流通加工处理的订单汇总一起处理
4. 按车辆需求划分	若配送商品需要特殊的配送车辆(如:低温车、冷冻车、冷藏车等)或客户所在地具有卸货特性,可将特殊类型车辆汇总合并处理

存货分配方式决定了下一步的拣货作业。如果是单一订单分配,则采用单一顺序拣选;如果是批次分配,则采用批量拣选方式。

(2) 分配原则

若以批次分配选定参与分配的订单后,订单的某商品总出货量大于可分配的库存量,则可依据以下四原则来决定客户订购的优先性。

① 具有特殊优先权者先分配。前一次即允诺交货的订单(如:缺货补货订单、延迟交货订单、紧急订单或远期订单)、客户提前预约或有紧急需求的订单,应享有优先取得存货的权利。

② 依据客户等级来取舍。将客户重要性程度高的进行优先分配。

③ 依据订单交易量或交易金额来取舍。将对公司贡献度大的订单作优先处理。

④ 依据客户信用状况来取舍。将信用较好的客户订单作优先处理。

步骤5:确定拣货顺序与计算拣货时间

拣货顺序直接影响拣货的效率,它决定了拣货人员行走距离的长短,即拣货时间长短。拣货顺序可依据仓储货位的状况及货物存放的位置来确定。

由于要有计划地安排出货进程,因而对于每一张订单或每批订单可能花费的拣取时间要事先掌握,如何计算订单拣取的标准时间,步骤如图9-5所示。

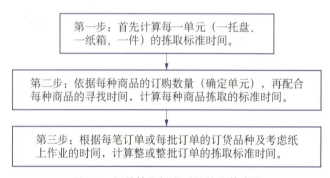

图9-5 订单拣取标准时间的计算步骤

以上只是一个粗略的计算,因为总的拣货时间还与拣货人员行走时间、作业熟练程度有关。在保证准确性的前提下,拣货人员应尽可能缩短行走、寻找货物、拣取货物三方面的时间,从而提高拣货的效率。要想缩短这三方面的时间,就必须选择合理有效的拣货方式和辅助拣货设备。

步骤6:缺货处理

若现有存货数量无法满足客户需求,且客户又不愿以其他商品替代时,则依下列方式处理,如图9-6所示。

图9-6 两种缺货处理方式

配合上述客户意愿与公司政策,对于缺货的处理见表9-6。

表9-6 缺货处理表

缺货处理	具体说明
1. 重新调拨	若客户不允许过期交货,而公司也不愿失去该笔订单时,则有必要重新调拨分配订单
2. 补交货	若客户允许不足额的订货可等到有货时再予以补送,且公司政策也允许,则采取"补交货"方式; 若客户允许不足额的订货或整张订单留待下一次订单一同配送,则也可采取"补交货"方式处理
3. 删除不足额订单	若客户允许不足额订单可等到有货时再予以补送,但公司政策并不希望分批出货,则只好删除不足额订单; 若客户不允许过期交货,且公司也无法重新调拨,则可考虑删除不足额订单
4. 延迟交货	有时限延迟交货:客户允许一段时间的过期交货,且希望所有订单一同配送; 无时限延迟交货:不论要等多久客户都允许过期交货,且希望所有订货一同送达,则等待所有订货到达后再出货
5. 取消订单	若客户希望所有订单一同配送,且不允许过期交货,而公司也无法重新调拨时,则只有将整张订单都取消

步骤7:订单资料处理输出

订单资料经由上述的处理后,即可打印出货单据,以开始后续的物流作业。

1. 拣货单(出库单)

拣货单可提供商品出库指示资料,并作为拣货的依据。拣货单需配合配送中心的拣货策略及拣货作业方式来设计,以提供详细、有效的拣货信息,便于拣货的进行。见表9-7分户拣货单(采用单一顺序拣选时使用)、表9-8品种拣货单(采用批量拣选方式时使用)和表9-9分货单(按品种批量拣取后再按客户的需求分货时使用)的示例。

表9-7 分户拣货单

拣货单编号					客户订单编号				
用户名称									
出货日期					出货货位号				
拣货时间	年 月 日 时 分至 时 分				拣货人				
核查时间	年 月 日 时 分至 时 分				核查人				
序号	储位号码	商品名称	规格型号	商品编码	数量(包装单位)			备注	
					托盘	箱	单件		
1									
2									

续 表

序号	储位号码	商品名称	规格型号	商品编码	数量(包装单位)			备注
					托盘	箱	单件	
3								
4								
5								

表9-8 品种拣货单

拣货单号			包装单位			储位号码	
商品名称			托盘	箱	单件		
规格型号		数量					
商品编码							
拣货时间		年 月 日 时 分至 时 分				拣货人	
核查时间		年 月 日 时 分至 时 分				核查人	
序号	订单编号	客户名称	单位	数量		出货货位	备注
1							
2							
3							
4							
5							

表9-9 分货单

分货单编号			数量(包装单位)			
商品名称						
规格型号			托盘		箱	单件
商品编码						
生产厂家			储位编码			
分货时间		年 月 日 时 分至 时 分	分货人			
核查时间		年 月 日 时 分至 时 分	核查人			
序号	订单编号	客户名称	数量(包装单位)			出货货位	备注
			托盘	箱	单件		
1							

续　表

序号	订单编号	客户名称	数量(包装单位)			出货货位	备注
			托盘	箱	单件		
2							
3							
4							
5							

随着拣货、储存设备的自动化，传统的拣货单形式已无法满足需求，利用计算机、通讯等方式处理显示拣货信息的方式已取代部分传统的拣货表单，如：配有电子标签的货架、拣货台车以及自动存取的自动化立体仓库等。采用这些自动化设备进行拣货作业，需注意拣货信息的格式与设备显示器是否兼容，以及系统与设备间的信息传送及处理。

2. 送货单

在交货配送时，通常需附上送货单给客户清点签收。因为送货单主要是给客户签收、确认的出货资料，其正确性及明确性很重要，见表9-10。

表9-10　送货单

收货单位				送货人员			
送达地点				送货时间			
发运物品详细内容							
货物名称	型号	规格	单位	数量	单价	总额	备注
有关说明							
收货方验收情况	验收人员			收货方负责人签字	负责人		(公章)
	日期				日期		

说明：此送货单一式三联，第三联送财务办理结算用，第二联送仓储部提货用，第一联为货到目的地后用作签收，并由送货人员带回交给部门主管。

3. 缺货资料

库存分配后，对于缺货的商品或缺货的订单资料，系统应提供查询或报表打印功能，以便相关人员处理。

库存缺货商品：提供依据商品类别或供应商类别进行查询的缺货商品资料，以提醒采购人员开展紧急采购。

缺货订单：提供依据客户类别查询的缺货订单资料，以便相关人员处理。

【技能训练】

训练任务 1：订单处理作业实训

某配送中心接到两笔客户的订单：A 客户需白猫 1300 g 超能洗衣粉 1200 箱、中华 200 g 含氟牙膏 500 箱、白诗 248 ml 负离子焗油洗发水 200 箱；B 客户需白猫 1300 g 超能洗衣粉 800 箱、中华 200 g 含氟牙膏 500 箱、飘柔 400 ml 润肤乳液 200 箱。现已知库存能满足该两笔订单的需要，上述四种产品在配送中心是分区存放的，试问：

① 配送中心工作人员应采用哪种存货分配模式？考虑到四种产品是分区存放，订单处理应制作哪几种单据？

② 画出表示订单处理及后续配送作业的流程图。

训练任务 2：订单处理案例分析

TT 医药公司主要经营药品与医疗器械，在东北地区占有相当的市场份额。为了服务东北地区三个省份的客户，公司专门在哈尔滨市建立了一个配送中心。配送中心是一座四层楼结构的建筑，第一层是收、发货区域，第二、三、四层用于存储药品，第二层还有部分面积用于存储医疗器械。公司的服务承诺是客户下达订单后，本市客户 24 小时，省内客户 48 小时，外省客户 72 小时可以收到货物。配送中心的作业过程是这样的：客户订单被分配给每个楼层的拣货员；拣货员拣完该订单存储在本层的各种药品后用周转箱把药品送到第一层，第一层的发货员收集到三个楼层的拣货信息后合并到一起装箱、发货。药品在各楼层之间的上下依靠的是一部货梯。

TT 公司的配送中心成立后极大地提高了客户服务水平，销售规模一直保持增长。但最近客户的投诉突然增加了，反映送货的品种、数量经常与订单不符。公司专门开会讨论这个问题时，配送中心的经理反而把自己一肚子的苦水倒了出来：现在订单量是原来的几倍，而且客户知道 TT 医药公司的品种全，所以每张订单上都有几十个品种。因为药品还有批号的要求，更增加了拣货的难度。配送中心只有一部货梯，他手下的拣货员人数已经增加了一倍，但还是天天加班，他这里已经是超负荷的运转了。

根据以上案例，回答问题：

① 请你简要描述 TT 公司的配送中心目前存在哪些问题。

② TT 公司的配送中心采用的是哪种存货分配模式？具有什么特点？

③ TT 公司准备提高拣货效率，你认为在订单处理环节可以采取哪些措施？并对你提出的措施进行简要的评价。

任务二　补货作业

补货作业有助于使库存保持在一定的水平，补货作业对拣货作业会起到辅助作用，补货作业做得及时准确，将有助于拣货作业顺利地进行。

【任务展示】

晋职配送中心的陈经理在巡视拣货区时,发现拣货区的存货量已降到设定标准以下,于是他要求立即对存货不足的货物进行补货,你作为配送中心的补货员,将如何完成这次补货作业呢?

【岗前培训】

培训要点1:什么是补货作业

补货作业是指将货物从仓库保管区域搬运到拣货区的工作。补货作业主要应包括:确定所需补充的货物、领取商品、做好上架前的各种准备工作、补货上架。

在配送作业中,补货作业具有重要的地位。因为补货作业是拣货作业的准备工作,它的作业质量直接影响着拣货效率。补货作业是对拣货区的订单货品进行数量补充,补货前对货品的外包装、名称、数量和条码等信息的核对是对后续操作顺利进行的保证。一旦补货作业出现问题,将会导致后续作业的失误,严重的还会导致作业中断。所以做好补货作业,有利于提高物流作业的整体效率。

培训要点2:补货作业的分类

根据货品的出货方式,补货作业可以分为整箱补货和拆零补货。

整箱补货:是从存储区将货物整箱搬运到拣货区,由拣货员根据订单拣货。

拆零补货:是从周转区将货物搬运到拣货区,拆开包装并对相应货物进行补货。

培训要点3:补货时机

补货时机有定时补货、随机补货、批组补货三种。

1. 定时补货

把一天划分为几个时段,补货人员在时段内检查动管拣货区货架上的货物存量,若不足则及时补货。适合于分批拣货时间固定,且紧急插单较多的配送中心。

2. 随机补货

指定专门的补货人员随时巡视动管拣货区的货品存量,发现不足则随时补货。较适合每批次拣取量不大、紧急插单多、一日内作业量不易事先掌握的情况。

3. 批组补货

每天由计算机计算所需货物的总拣取量,查询动管拣货区存货量后得出补货数量,从而在拣货之前一次性补足,以满足全天的拣货量。这种一次补足的补货原则,较适合一日内作业量变化不大、紧急插单不多,或每批次拣取量大的情况。

【任务执行】

补货作业的主要步骤如图9-7所示。

步骤1:照单取货

信息员查询存货信息后根据需要打印补货标签,补货员根据补货标签到相应的货位取货。补货员需要核对条码、名称、规格等信息,并检查货物外包装、条码、数量,根据标签信息领取指定数量的货物。

图9-7 补货作业图示

照单取货时应该注意以下事项：
① 取货时要仔细核对货位、货品代码、名称等信息。
② 在补货时，如发现包装损坏、内装与名称不符、数量不对时，应及时反映给信息员处理。
③ 补货员要维护好周转区的货物。
④ 补货员取货要轻拿轻放，取货完毕后要及时整理货位上的货物。

步骤2：货品搬运

取货后，补货员选用合适的搬运工具将货物搬运至拣货区的目标货位。

步骤3：补货上架

补货员将货物整齐地放在指定的货位，一种货品对应一个或相邻几个货位，货物与货位一一对应。

补货上架应该注意以下事项：
① 从周转区向拣货位补货时，应根据拣货标签上的提示，仔细核对货物名称、条码、货位，确认无误后才上架。
② 补货上架时保证一种货品对应一个拣货位，若由于特殊原因，某货品需要量大，信息中心可调整拣货位，给该货物多分配拣货位，但要保证这些拣货位相邻。
③ 能够补上拣货位的要尽量全部补到拣货位上，不能补到拣货位的要按货物类型分类摆放整齐。
④ 补货时应把货物整齐补放在拣货位上，如拣货位上无法补完此种货品，则应把多余货物整齐存放在每一排指定的存货区，以便拣货位上缺货时能及时补货到位，以免影响拣货效率。

【技能训练】

训练任务：补货作业实训

客户A向晋职物流公司的配送中心发出采购订单，订单信息见表9-11。

表9-11 客户A采购订单

序号	商品名称	单位	单价(元)	订购数量	金额	备注
1	冰绿茶	瓶		15		
2	冰红茶	瓶		8		
3	康师傅矿泉水	瓶		10		
合计						

经过查询,获悉该配送中心拣货区中冰绿茶、冰红茶、康师傅矿泉水均缺货,请你对这三种商品进行补货。

备注:冰绿茶、冰红茶、康师傅矿泉水在储存区的存放储位分别是 A00101、B00102、C00103。

任务三　拣货作业

拣货作业是配送作业的核心工作,在配送作业的流程中有着重要的作用。拣货作业在配送作业环节中不仅工作量大、工艺复杂、要求作业时间短、准确度高,而且拣货成本占了物流搬运成本的绝大部分,是配送业务活动中极其重要的一个环节。因此采取科学的拣选方式,提高拣选效率是降低配送中心成本的重要因素。

【任务展示】

表9-12　拣货单1

拣货单编号:JZ20121218001

拣货日期	2012-12-18	10:00	拣货人	张三	
核查时间	2012-12-18	16:00	核查人	李四	
序号	商品名称	商品编码	单位	数量	备注
1	康佳饮用水	01012101	箱	20	
2	达利园岩层矿物质水	01012102	箱	50	
3	娃哈哈纯净水	01012103	箱	40	
4	乐百氏饮用矿物质水	01012104	箱	30	
5	维达卷筒纸	01012105	箱	30	

表9-13　拣货单2

拣货单编号:JZ20121218002

拣货日期	2012-12-18	10:00	拣货人	张三	
核查时间	2012-12-18	16:00	核查人	李四	
序号	商品名称	商品编码	单位	数量	备注
1	五月花卷筒纸	01012106	箱	30	
2	乐百氏纯净水	01012107	箱	20	
3	雀巢优活饮用水	01012108	箱	50	
4	康师傅冰红茶	01012109	箱	40	
5	小熊学英语04	01012110	箱	30	

表 9-14　拣货单 3

拣货单编号：JZ20121218003

拣货日期	2012-12-18 10:00		拣货人		张三
核查时间	2012-12-18 16:00		核查人		李四
序号	商品名称	商品编码	单位	数量	备注
1	康师傅矿物质水	01012111	箱	50	
2	清风卷筒纸(红)	01012112	箱	50	
3	农夫山泉	01012113	箱	10	
4	康师傅冰红茶	01012109	箱	20	
5	维达卷筒纸	01012105	箱	50	

表 9-12 至表 9-14 所示的是晋职物流公司下的配送中心安排于 2012 年 12 月 18 日上午 10:00 进行拣货作业的三张拣货单,作为配送中心的工作人员,你要如何安排这三张拣货单的作业?

【岗前培训】

培训要点 1:什么是拣货作业

拣货作业是依据客户的订货要求或配送中心的送货计划,尽可能迅速、准确地将商品从其储位或其他区域拣取出来,并按一定的方式进行分类、集中、等待配装送货的作业流程。

在配送中心搬运成本中,拣货作业的搬运成本约占 90%;在劳动密集型的配送中心,与拣货作业直接相关的人力占 50%;拣货作业时间约占整个配送中心作业时间的 30%—40%。因此,在配送作业的各环节中,拣货作业是整个配送中心作业系统的核心。合理规划与管理拣货作业,对配送中心作业效率的提高具有决定性的影响。

培训要点 2:拣货作业的基本过程及管理目标

1. 拣货作业的基本过程

拣货作业的基本过程包括如下四个环节:

(1) 拣货信息的形成

拣货作业开始前,指示拣货作业的单据或信息必须先行处理完成。虽然一些配送中心直接利用客户订单或公司交货单作为拣货指示,但此类传票容易在拣货过程中受到污损进而产生错误,所以多数拣货方式仍需将原始传票转换成拣货单或电子信号,由拣货员或自动拣取设备进行更有效的拣货作业。但这种转换仍是拣货作业发展过程中的一大瓶颈。

因此,利用电子订货系统、POS 直接将订货资料通过计算机快速及时地转换成拣货单或电子信号是现代配送中心必须解决的问题。

(2) 行走与搬运

拣货时,拣货作业人员或机器必须直接接触并拿取货物,这样就形成了拣货过程中的行走与货物的搬运。这一过程可以有两种完成方式。

人——物方式:即拣货人员以步行或搭乘拣货车辆方式到达货物储位。这一方式的特点是物静而人动。

物——人方式：与第一种方式相反，拣取人员在固定位置作业，而货物保持动态的储存方式。这一方式的特点是物动而人静。

(3) 拣货

无论是人工或机械拣取货物都必须首先确认被拣货物的品名、规格、数量等内容是否与拣货信息传递的指示一致。这种确认方式既可以通过人工目视读取信息，也可以利用无线终端传输机读取条码，由电脑进行对比，而后一种方式可以大幅度降低拣货的错误率。拣货信息被确认后，拣取的过程可以由人工或自动化设备完成。

(4) 分类与集中

配送中心在收到多张客户的订单后，可以形成批量拣取，然后再根据不同的客户或送货路线分类集中，有些需要进行流通加工的商品还需根据加工方法进行分类，加工完毕再按一定方式分类出货。多品种分货的工艺过程较复杂，难度也大，容易发生错误，必须在统筹安排形成规模效应的基础上提高作业的精确性。分类完成后，经过核查、包装便可以出货了。

2. 拣货作业的管理目标

拣货作业消耗的时间主要包括四大部分：一是订单或送货单经过信息处理过程，形成拣货指示的时间；二是行走与搬运货物的时间；三是准确找到货物的储位并确认所拣货物及数量的时间；四是拣取完毕，将货物分类集中的时间。

提高拣货作业效率主要是缩短以上四个作业的时间。此外，防止发生拣货错误、提高储存管理账物相符率及客户满意度、降低拣货作业成本也是拣货作业的管理目标。

培训要点 3：拣货的策略

拣货策略是影响日后拣货效率的重要因素，因而在决定拣货作业方式前，必先对其可运用的基本策略有所了解。

拣货策略一般可分为按订单拣选(single order picking)策略、批量拣选(batch picking)策略与复合拣选(compound picking)策略。

1. 按订单拣选策略

按订单拣选策略是指针对每张订单，作业人员巡回于仓库内，将订单上的商品逐一挑出、集中，是较传统的拣货策略。

(1) 按订单拣选的特点

① 作业方式单纯。
② 订单处理的前置时间短。
③ 导入容易且弹性大。
④ 作业员责任明确、派工容易、公平。
⑤ 拣货后不必再进行分类作业，适用于大量、少品项订单的处理。
⑥ 商品品项多时，拣货行走路线加长，拣取效率会降低。
⑦ 拣取区域大时，搬运系统设计困难。
⑧ 少量多次拣取时，造成拣货路线重复且费时，效率会降低。

(2) 适用条件

按订单拣选的处理弹性较大，临时性的生产能力调整较为容易。适合订单大小差异较大、订单数量变化频繁、季节性强的商品配送。在商品外形体积变化较大、商品差异较大的情况下也可以采用订单拣选方式。

2. 批量拣选策略

批量拣选策略是指把多张订单集合成一批,汇总后形成拣货单,然后根据拣货单的指示一次性拣取商品,再根据订单进行分类。

(1) 批量拣选的特点

① 适合订单数量庞大的系统。
② 可以缩短拣取时行走搬运的距离,增加单位时间的拣取量。
③ 必须等订单达一定数量时才做一次处理,因此会有停滞的时间产生。

(2) 使用条件

批量拣选方式通常在系统化、自动化设置之后,作业速度提高,而产能调整能力减小的情况下采用,适合订单变化较小、订单数量稳定的配送中心采用,对于外形较规则、固定的商品出货也可采用,如:箱装、扁袋装的商品。另外需进行流通加工的商品也适合批量拣选,进行加工后再分类配送,有利于提高拣货及加工效率。

3. 复合拣选策略

复合拣选策略是指将以上两种方式组合起来的拣货方式,即根据订单的品种、数量及出库频率,确定哪些订单适合按订单拣选、哪些适合批量拣选,然后分别采取不同的拣货作业方式。

培训要点 4:按订单拣选与批量拣选的基本流程

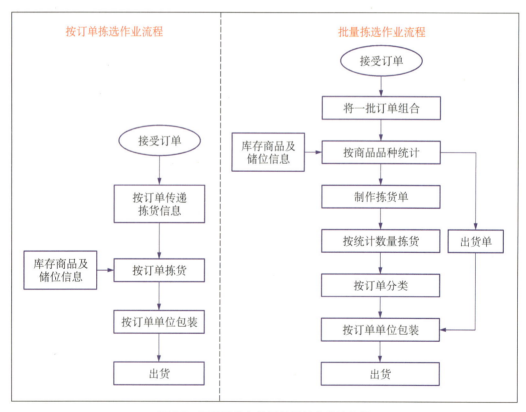

图 9-8　订单拣选与批量拣选的作业流程图

培训要点 5：拣货方式的分类

表 9-15　四种拣货方式内容一览表

拣货方式	流程图
人工摘取式拣选 　　概念：针对每一张订单，由拣货人员完全用人工方式根据订单上的货品信息，到相应的存储位置将货品逐一挑出并集中的过程。人工摘取式拣选是比较传统的拣货方式，适用于大数量订单的拣货处理。 　　优点：①操作方法简单；②延迟时间短；③拣货人员责任明确，易于评估；④拣货后不用再进行分类作业。 　　缺点：①货品品类较多时，拣货行走路线较长，拣货效率降低；②拣货区域较大时，搬运困难	开始 → 领取拣货单 → 选择拣货设备 → 凭单拣货 → 拣货标记 → 签字确认 → 货送复核区 → 交单 → 结束
摘取式 DPS 拣货 　　概念：DPS(Digital Picking System)拣货是依靠电子标签系统，对每一份订单的货品逐一进行拣选。它与人工摘取式拣货的区别在于 DPS 摘取式拣货过程中信息无纸化传递，拣货员只要根据电子标签系统指示的信息拣选货品。 　　优点：这种方法更准确、快捷，减少了拣货员的劳动强度	开始 → 贴筐 → 取筐核对电子标签显示信息与物流筐标签信息 → 信息是否一致（否：报信息员处理；是：拣取货品）→ 核对储位货品数量是否充足（否：补货或开具差异单；是：搬运货品至待出货区）→ 结束

续 表

拣货方式	流程图
人工播种式拣货 　　概念：把一定时间段里多张订单集合成一批，依照货品种类将货品数量汇总，全部由人工按货品进行拣选，然后再根据每张客户订单进行分货处理的过程。 　　优点：这种拣选方式在订单数量庞大时，可以显著提高工作效率，缩短拣选货品时行走搬运的距离，增加单位时间的拣选数量。 　　缺点：该方式的缺点是对单一订单无法进行操作，必须等订单累积到一定数量才能进行统一处理，订单处理有一定的延迟	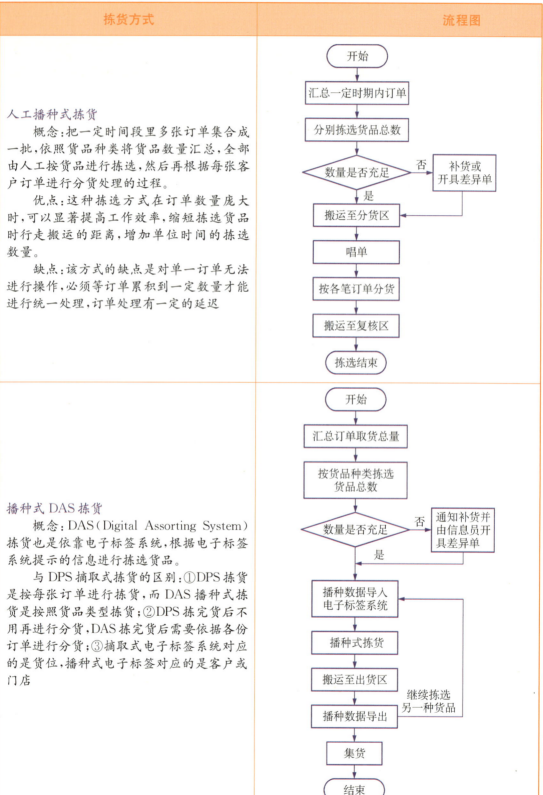
播种式 DAS 拣货 　　概念：DAS（Digital Assorting System）拣货也是依靠电子标签系统，根据电子标签系统提示的信息进行拣选货品。 　　与 DPS 摘取式拣货的区别：①DPS 拣货是按每张订单进行拣货，而 DAS 播种式拣货是按照货品类型拣货；②DPS 拣完货后不用再进行分货，DAS 拣完货后需要依据各份订单进行分货；③摘取式电子标签系统对应的是货位，播种式电子标签对应的是客户或门店	

· 162 ·

【任务执行】

任务展示中的三张拣货单可以通过按订单拣选来进行拣货，拣货员直接拿着每一张单巡回于货架中，把每一张订单的货物拣取出来，放入相应的货箱中。

考虑到三张单中的商品存在共性，也可以考虑采用批量拣选进行操作。

步骤1：合并订单，批量拣选

合并订单之后所形成的拣货单见表9-16。

表9-16 拣货单

拣货单编号：JZ20121218004

拣货日期	2012-12-18 10:00		拣货人	张三	
核查时间	2012-12-18 16:00		核查人	李四	
序号	商品名称	商品编码	单位	数量	备注
1	康佳饮用水	01012101	箱	20	
2	达利园岩层矿物质水	01012102	箱	50	
3	娃哈哈纯净水	01012103	箱	40	
4	乐百氏饮用矿物质水	01012104	箱	30	
5	维达卷筒纸	01012105	箱	80	
6	五月花卷筒纸	01012106	箱	30	
7	乐百氏纯净水	01012107	箱	20	
8	雀巢优活饮用水	01012108	箱	50	
9	康师傅冰红茶	01012109	箱	60	
10	小熊学英语04	01012110	箱	30	
11	康师傅矿物质水	01012111	箱	50	
12	清风卷筒纸（红）	01012112	箱	50	
13	农夫山泉	01012113	箱	10	

步骤2：进行拣货作业

拣货员根据合并好的订单进行拣货，将所有的商品拣出来放在拣货小车上，如图9-9所示。

步骤3：按订单分类

将拣好的货物根据三张拣货单的内容进行分类，如图9-10所示。

步骤4：按订单单位包装

将每一单货物的商品按照订单要求进行打包，如图9-11所示。

图 9-9　拣取货物

图 9-10　按订单分类

图 9-11　货物打包

 【技能训练】

训练任务：拣货作业实训

大润发超市、家乐福超市、捷龙超市、好又多超市分别向晋职物流公司下的配送中心发出了采购订单。订单分别见表 9-17 至表 9-20。

表 9-17　大润发超市采购订单

序号	商品名称	单位	单价(元)	订购数量	金额	备注
1	娃哈哈矿泉水	箱		6		
2	旺旺雪饼	箱		5		
3	康师傅方便面	箱		8		
	合计					

表 9-18 家乐福超市采购订单

序号	商品名称	单位	单价(元)	订购数量	金额	备注
1	芙蓉王香烟	箱		20		
2	王朝干红葡萄酒	箱		30		
	合计					

表 9-19 捷龙超市采购订单

序号	商品名称	单位	单价(元)	订购数量	金额	备注
1	娃哈哈矿泉水	箱		5		
2	罐装王老吉	箱		5		
3	旺旺雪饼	箱		5		
	合计					

表 9-20 好又多超市采购订单

序号	商品名称	单位	单价(元)	订购数量	金额	备注
1	罐装王老吉	箱		5		
2	娃哈哈矿泉水	箱		5		
3	康师傅方便面	箱		7		
	合计					

说明：芙蓉王香烟严重缺货。

任务要求：

① 请判断以上四张订单的有效性。
② 出库订单合并生成拣选单并打印。
③ 根据拣货单进行出库拣选作业。
④ 将拣选的货物搬运至出库区。
⑤ 对出库商品进行复核。
⑥ 进行货物与单据交接。

任务四 流通加工作业

流通加工有利于配送,能提高物流系统对客户的服务水平,还能起到提高物流效率和使物流活动增值的作用。

【任务展示】

上海联华生鲜食品加工配送中心有限公司是联华超市股份有限公司的下属公司,主营生鲜食品的加工、配送和贸易。公司拥有资产总额近 3 亿元,是具有国内一流水平的现代化的生鲜加工配送企业,总占地面积 22500 m²,建筑面积 36000 m²,其中包括生产车间、冷库、配送场地、待发库、仓库、办公楼、生活楼等。冷库容量 8700 吨,运输车辆 46 辆(其中 24 辆为制冷保温车)。主要生产加工设备有:进口的包装机、封口机、流水线、灌装机、切片丝丁机、金属探测、称重、贴标、自动分拣打印一体机等共 50 余台(套)。联华生鲜食品加工配送中心年生产能力 20000 吨,其中肉制品 15000 吨,生鲜盆菜、调理半成品 3000 吨,西式熟食制品 2000 吨,产品结构分为十五大类约 1200 种生鲜食品。在生产加工的同时配送中心还从事水果、冷冻品以及南北货的配送任务。你知道上海联华生鲜食品加工配送中心是如何运作的吗?上海联华生鲜食品加工配送中心带给我们什么样的启发?

【岗前培训】

培训要点 1:流通加工的定义

流通加工是货物在从生产地到使用地的过程中,根据需要施加的包装、分割、计量、分拣、刷标志、拴标签、组装等简单作业(如图 9-12 至图 9-15 所示)的总称。

图 9-12　分割

图 9-13　计量

图 9-14　分拣

图 9-15　刷标志、拴标签

培训要点 2:流通加工的类型

根据流通加工提供的不同服务,可以将流通加工分为以下几种不同的类型。

1. 为弥补生产领域加工不足的深加工

有许多产品在生产领域的加工只能到一定程度,这是由于受到各种因素的限制而不能完全实现最后的加工。例如，钢铁厂的大规模生产只能按标准规格生产，以使产品有较强的通用性，从而使生产能有较高的效率和效益。这种流通加工实际是生产的延续，是生产加工的深化，对弥补生产领域的加工不足具有重要意义。

2. 为满足需求多样化进行的服务性加工

从需求角度看，需求存在着多样化和个性化两个特点。为满足不同的需求，经常需要自己设置加工环节。现代化生产的要求是生产型客户能尽量减少流程，尽量集中力量从事较复杂的、技术性较强的劳动，因而他们不愿意将大量初级加工包揽下来。这种初级加工带有服务性，由流通加工环节来完成，生产型客户便可以缩短自己的生产流程，使生产技术的密集程度得到提高。

对一般消费者而言，则可省去繁琐的预处置工作，可以集中精力从事较高技术要求、能直接满足需求的劳动。

3. 为保护商品所进行的加工

在物流过程中，为了保护商品的使用价值，延长商品在生产和使用期间的寿命，防止商品在运输、储存、装卸、搬运、包装等过程中遭受损失，可以采取加固、改装、保鲜（如图 9-16 所示）、冷冻、涂油等方式加以保护。例如，对水产品、肉类、蛋类为保鲜、保质进行的冷冻加工、防腐加工等。和前两种加工类型不同，这种加工并不改变进入流通领域的货物外形及性质。

图 9-16　保鲜加工

4. 提高物流效率、方便物流的加工

有些商品本身的形态使之难以进行物流操作，而且在运输、装卸搬运过程中极易受损，因此需要进行适当的流通加工加以弥补。如：鲜鱼的装卸、储存操作困难；大型设备搬运、装卸困难；气体运输、装卸困难等。进行流通加工，可以使流通各环节易于操作，如：鲜鱼冷冻处理、大型设备解体处理、气体液化处理等。这种加工往往会改变货物的物理状态，但不改变其化学特性，并最终能恢复其原物理形态。

5. 促进销售的流通加工

流通加工也可以从若干方面起到促进销售的作用。例如，将大包装的商品或散装物分装成适合一次销售的小包装的分装加工；将以保护产品为主的运输包装改换成以促进销售为主的装潢性包装，以起到吸引消费者、指导消费的作用，等等。这种流通加工有些不改变物的本体，只进行简单改装的加工，也有许多是组装、分块等深加工。

6. 为提高加工效率的流通加工

许多生产企业的初级加工由于数量有限、加工效率不高，难以投入先进的科学技术。流通加工则以集中加工的形式,解决了单个企业加工效率不高的弊病。以一家流通加工企业的集中加工代替了若干生产企业的初级加工,促进生产水平有较大提高。

7. 为提高原材料利用率的流通加工

流通加工利用其综合性、客户多的特点,可以实行合理规划、合理套裁、集中下料的办法,有效提高原材料利用率,减少损失浪费。

8. 衔接不同运输方式使物流合理化的流通加工

在干线运输和支线运输的节点设置流通加工环节,可以有效解决大批量、低成本、长距离的干线运输与多品种、少批量、定点运输的渠道,又以流通加工中心为核心,组织对多个客户的配送,也可在流通加工点将运输包装转换为销售包装,从而有效衔接不同目的的运输方式。例如,散装水泥中转仓库将散装水泥袋装,这种将大规模散装水泥转化为小规模袋装水泥的流通加工就衔接了水泥厂的大批量运输和工地的小批量装运。

9. 以提高经济效益追求企业利润为目的的流通加工

流通加工的一系列优点可以形成一种"利润中心"的经营形态,这种类型的流通加工是经营的一环,在满足生产和消费要求基础上取得利润,同时在市场和利润引导下使流通加工在各种领域中得到有效的发展。

10. 生产—流通一体化的流通加工

依靠生产企业与流通企业的联合,或者生产企业涉足流通,或者流通企业涉足生产,形成生产与流通加工在合理分工、合理规划、合理组织下统筹进行,这就是生产—流通一体化的流通加工。这种形式可以促成产品结构及产业结构的调整,充分发挥企业集团的经济技术优势,是目前流通加工领域出现的新形式。

培训要点 3:流通加工与生产加工的区别

流通加工与生产加工虽然都是对商品进行加工,但它们有许多方面是不同的,两者间的区别见表 9-21。

表 9-21 流通加工与生产加工的区别

区别	生产加工	流通加工
加工对象	原材料、零配件、半成品,而不是最终产品	进入流通环节的商品
加工程度	复杂加工	简单加工
附加价值	创造使用价值及价值	完善使用价值,并在不做大的改变的情况下提高商品价值
加工责任人	生产企业	商业企业或物资流通企业
加工目的	为交换和消费而生产	为消费(或再生产),有时以自身流通为目的

培训要点 4:如何促进流通加工合理化

流通加工合理化的含义是实现流通加工的最优资源配置,不仅要做到避免各种不合理、使流通加工有存在的价值,而且要做到争取最优的选择,实现流通加工合理化的途径如图 9-17 所示。

图 9-17　流通加工的合理化途径

【任务执行】

1. 上海联华生鲜食品加工配送中心的运作情况

20 世纪 90 年代的上海市大大小小的超市几乎都是以百货为主、生鲜为辅的经营方式,上海联华就是在这种单一的经营方式背后发现了自己的商机。该公司在对本地市场需求进行详细分析后,准确地选择了生鲜食品作为自己的经营"个性"。原总裁王宗南认为,生鲜食品的经营是大型连锁超市的主要发展方向。上海联华主要从以下几个方面加强对生鲜食品的加工配送。

（1）加强对采购的管理

为了加强生鲜食品作为自己的经营特色,上海联华首先从食品的源头——采购上开始下功夫,加强对生鲜食品采购的管理,探索适应现代连锁超市的新型模式。在全国采购过程中,联华着重将绿色食品采购作为重点,并对生产厂商进行指导。通过从各地引进特色产品,丰富商品种类,提升差异化程度。联华在沪郊以及鲁、冀、豫、皖、苏、浙、吉、湘等地,在当地政府的支持下,先后建立了肉制品、蔬菜、水果、鸡蛋、水产等生产供应基地。这一经营方式使流通成本下降了 15% 至 30%。凭借着大型零售企业在购买力方面的优势以及与供应市场的良好沟通,联华能够拿到性价比高的产品。在此基础上,联华形成了自己的二级采购体系:一些通用的大品牌商品由一部采购,地方产品的采购和配送则由二部根据当地市场需求在当地实现。在采购一些大宗商品时,采取"订单采购"的形式。比如,联华就市场需求量大的肉、禽、蛋、蔬菜、水果等五大类商品向全国发出订单采购和公开招标信息,有 20 多个省市 350 多家生产单位和经营单位参与投标,首批公开招标的 4000 吨红富士苹果、1 万吨鲜鸡蛋、1.5 万吨冷却猪肉、100 万只草鸡上市后,很快就销售一空。招标订单采购的方式,使联华的商品流通成本降低了 10%。

（2）加强现代化、信息化建设

上海联华也加强了对配送中心的现代化、信息化建设,投资 6000 多万元兴建了现代化的生鲜食品加工配送中心,装备了先进的信息处理技术,每天由各门店的终端机将当日的生鲜食品要货指令发送至配送中心的计算机系统汇总处理,之后产生两条指令清单,一条指令会直接提示采购部门按具体的需求安排采购,另一条指令会即时发送给各加工车间中控制加工流水线的计算机控制系统,按照当日的需求进行食品加工。该系统还会根据门店的要货时间和前往各门店送货路线的远近自动安排生产次序,这样就能够可靠保证生鲜食品当日加工、当日配送和当日销售,从而强化了生鲜食品配送中心最重要的竞争优势——"鲜"。将各种肉类切片、切丝、切丁，甚至分切后成品的自动分盆、称重、分拣、贴标，都是由计算机系统控制完成。在配送中心偌大的加工车间内，只有不到10名各自盯着眼前电子屏幕的操作工，屏幕上完整地显示出当前配送物品的各种信息，同时也在不断接收最新的供货指令加工单。以一盒肉糜为例，从原料投入到包装完毕，整个过程不超过20分钟。除了成品生产流程外，上海联华的大型智能配送中心实现了从门店发出要货指令，到配货完成发车，只需几十分钟的高速运转作业。在其他超市尚在使用传统配送系统的时候，联华已经有了通过国家有关部门鉴定的先进物流控制系统，这使得上海联华能够实现以两个总面积仅为5.7万平方米的配送中心满足1000家门店配送需求，并创造了使配送费率*一直控制在2%以下的"奇迹"。

（3）加强物流建设

上海联华积极优化自身的物流体系：一方面在采购当地建立物流中心；另一方面为了使采购和物流更高效，运用IT技术，实行供应商间的信息联网管理。分析家认为："联华的成功很大程度上就是依赖于物流、采购、IT技术和标准化的运营。"EDI联网管理可以大幅缩短流程和减少库存，自从与上海捷强烟草集团实现EDI联网后，联华门店的香烟销售额就翻了一番，实现了供应商与零售商的双赢。

（4）加强对生鲜食品的经营

在经营上，联华基于对国内供应市场的了解和掌控，逐步形成了独具特色的本土化供应链：一是建立并依托生产基地，由原来流通领域中的多个环节转向"产销直接对接"；二是实行订单招标，由原来商品"产后采购"逐步向"产前招标订购"转变；三是突破传统的商业经营体制，由"单一的零售经营"向"产加销一体化"转变。尤其在加工配送中心对加工型的物流项目上采取了很多措施，这些措施的实施提升了该公司的加工销售能力。而在对生鲜食品的经营过程中主要采用了以下几种措施：

① 加大个性加工的力度，满足多样性需求。

生鲜商品是消费者购买频率非常高，且与百姓日常生活息息相关的商品，而门店则是了解消费者需求的前沿阵地。有效把握消费者的心理，及时了解消费者的需求变化，确保生鲜商品常变常新，是做大做强生鲜销售的关键所在。上海联华从转型门店现场加工能力着手，通过经常性培训、带教等方式提升门店深加工工艺、个性化加工和精细化加工水平，以新颖、美观、多变的商品搭配吸引消费者，不仅丰富了品种，同时有效实现了差异化竞争，带来了良好的毛利收益。

② 科学核算产品价值，拓展利润空间。

在生鲜经营过程中，科学核算、合理定价至关重要。上海联华通过制定标准化盆菜配比、个性化商品毛利设定、包装托盘使用规范等一系列措施，并配合信息系统、循环盘点制度，实时跟踪生鲜产品的收益及损耗，有效提升了上海联华转型门店生鲜经营的毛利收益。

③ 强化宣传推广，收益分享激励。

联华上海标超转型门店从生鲜区域设计入手，运用时尚典雅的色彩搭配、科学合理的灯光色调，营造出良好的销售氛围，刺激顾客的消费欲望。同时，通过出风岛柜装饰、吊旗、串旗、POP、DM、海报、易拉宝、宣传册等多种形式，凸现不同宣传主题和宣传内容，引导生鲜消费，向消费者传递健康、安全、优质的生鲜经营理念。为持续提升上海地区转型门店生鲜销售和收益，联华积极探索更加合理有效的激励机制。以蔬菜经营为例，上海联华转型门店尝试"蔬菜自营＋外包"的经营模式后，10家试点门店的蔬菜月销售平均提升至120%，大大超出预期目

---

* 注：配送费率是指配送一定价值商品所需的物流配送成本。

标。个别门店实行"自营承包"方式,将员工个人收入与经营绩效挂钩,通过销售保底、利益分享等激励措施,大大激发了员工的积极性。

2. 上海联华生鲜食品加工配送中心带给我们的启示

上海联华通过采取诸多措施来加强生鲜食品的加工配送和宣传推广,不断降低商品在流通中的成本,最大限度地方便顾客,取得了很好的成绩。在我国连锁超市面临经营方式和经营理念变化的时代,寻找自身的经营特色是解决连锁企业面对"上下夹击"困境的一条重要途径。在寻找符合自身发展路径的过程中,我国很多地方型的连锁超市,有的在生鲜食品经营过程中取得了胜利,但也有以失败而告终的,这些企业成败的经历为我们提供了宝贵的经验和教训,在学习过程中,我们要吸取失败的教训,总结成功的经验,不断丰富自己的知识和视野,为将来从事相关行业的工作打下良好的基础。

【技能训练】

训练任务:案例分析

阿迪达斯公司在美国有一家超级市场,设立了组合式鞋店,摆放的不是已做好的鞋,而是做鞋用的半成品,款式花色多样,有6种鞋跟、8种鞋底,均为塑料制造的,鞋面的颜色以黑、白为主,搭配的颜色则有80种,款式有百余种,顾客进来可以任意挑选自己所喜欢的各个部位,交给店员当场进行组合。只要10分钟,一双崭新的鞋便大功告成,这家鞋店昼夜营业,店员技术熟练,鞋子的售价与成批制造的价格差不多,有的还更便宜一些。所以顾客络绎不绝,销售额比邻近的鞋店多了近十倍。

阅读案例,并思考以下问题:
流通加工与生产制造的区别在哪里?

任务五　送货作业

【任务展示】

晋职配送中心已经为明鸿科技公司配齐了客户订单上需要的货物,你作为晋职配送中心的送货员,负责组织此批订单的送货作业,应该如何操作呢?

【岗前培训】

培训要点1:送货作业的概念

1. 送货作业的定义

送货作业是利用配送车辆把客户订购的物品从制造厂、生产基地、批发商、经销商或配送中心送到客户手中的过程。送货通常是一种短距离、小批量、高频率的运输形式。它以服务为目标,以尽可能满足客户需求为宗旨。国内配送中心、物流中心其配送经济里程大约在30千米以内。

2. 送货作业的特点

送货作业是配送中心最终直接面对客户的服务,具有以下几个特点:

(1) 时效性

时效性是客户最重视的因素,即确保在指定的时间内交货。送货是从客户订货至交货的最后一个阶段,也是最容易引起时间延误的环节。配送车辆故障、所选择的配送线路不当、中途客户卸货不及时等因素均会造成时间上的延误。因此,必须在认真分析各种因素的前提下,以系统化的思想和原则,有效协调、综合管理,选择合理的配送线路、配送车辆和送货人员,确保每位客户在约定的时间收到所订购的货物。

(2) 可靠性

送货的任务就是要将货物完好无损地送到目的地。影响可靠性的因素有:货物的装卸作业、运输过程的机械振动和冲击及其他意外事故、客户地点及作业环境、送货人员的素质等。

(3) 沟通性

送货作业是配送的末端服务,它通过送货上门服务直接与客户接触,是与客户沟通最直接的桥梁,所以,必须充分利用与客户沟通的机会,巩固和发展公司的信誉,为客户提供更优质的服务。

(4) 便利性

配送以服务为目标,以最大限度地满足客户要求为宗旨。因此,应尽可能地让客户享受到便捷的服务。通过采用高弹性的送货系统,如:采用急送货、顺道送货与退货、辅助资源回收等方式,为客户提供真正意义上的便利服务。

(5) 经济性

实现一定的经济利益是企业运作的基本目标。因此,对合作双方来说,以较低的费用完成送货作业是企业建立双赢机制、加强合作的基础。所以不仅要满足客户的要求,提供高质量的配送服务,还必须提高配送效率,加强成本管理与控制。

培训要点 2:送货作业的基本流程

送货作业的基本流程如图 9-18 所示。

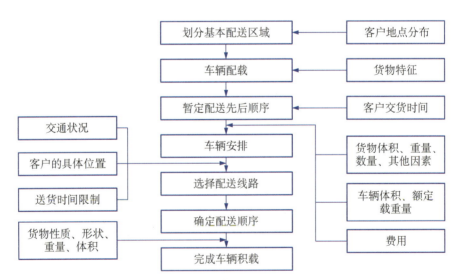

图 9-18 送货作业的基本流程图

【任务执行】

步骤1：划分基本送货区域

先将客户所在地的具体位置进行较系统的统计，并做区域上的整体划分；再将每位客户划归到不同的基本送货区域中，并以此作为配送决策的基本参考。如：按行政区域或按交通条件划分不同的送货区域，在区域划分的基础上再做弹性调整来安排送货顺序。

步骤2：车辆配载

由于配送货物的品种、特性各异，为提高送货效率，确保货物质量，首先必须对特性差异大的货物进行分类。在接到订单后，将货物按特性进行分类，以分别采取不同的送货方式和运输工具。如：按速冻食品、散装货物、箱装货物等货物类别进行分类配载。其次，配送货物也有轻重缓急之分，必须初步确定哪些货物可配载于同一辆车，哪些货物则不能，以做好车辆的初步配载工作。

步骤3：预先确定送货顺序

确定送货方案前，应先根据客户订单上的送货时间将送货的先后次序大致确定，为后面车辆装载做好准备工作。预先确定基本送货顺序可以有效地保证送货时间，提高运作效率。

步骤4：车辆安排

车辆安排要解决的问题是：安排哪种类型、吨位的配送车辆进行最后的送货。

一般企业拥有车辆的车型、数量有限。当本公司车辆无法满足需求时，可使用外雇车辆。在保证送货和运输质量的前提下，是组建自营车队，还是以外雇车为主，则要视经营成本而定。

无论选用自有车辆还是外雇车辆，首先，都必须事先掌握哪些车辆可供调派并符合要求，即这些车辆的容量和额定载重是否满足；其次，安排车辆之前还必须分析订单上的货物信息，如：体积、重量、数量，以及对装卸的特别要求等，综合考虑多方面因素的影响后，再做出最合适的车辆安排。

配送车辆的调度一般遵循以下几个原则：

① 合适原则。包括适合的车辆和适合的车辆来源。

② 邻近区域调度原则。如图9-19所示，如当日A2区货品配送需要调整，则可安排A1或A3区域的送货车辆协助装运，或者由B2区域的送货车辆顺路代送。

③ 成本最小化原则。

④ 车辆最大容积率原则。

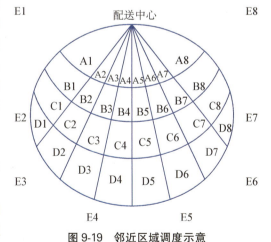

图9-19　邻近区域调度示意

步骤5：选择送货线路

如何选择距离短、时间短、成本低的配送线路，还需根据客户的具体位置、沿途的交通情况等做出优先选择和判断，才能以最快的速度完成配送。除此之外，还必须考虑客户所在地点环境及其对送货时间、车型等方面的特殊要求,如:有些客户会要求不在中午或晚上送货,有些道路在某高峰期会实行特别的交通管制等。

步骤 6:确定最终的送货顺序

做好车辆安排及选择好最佳的配送线路后,依据各车辆负责配送的先后顺序即可确定客户的最终送货顺序。

步骤 7:完成车辆装载

明确了客户的送货顺序后,接下来就是解决如何将货物装车、按什么次序装车的问题,即车辆的装载问题。原则上在知道了客户的配送顺序之后,到仓库提货时只要将货物依"后送先装"的顺序装车即可。但有时为了有效利用空间,可能还要根据货物的性质(怕震、怕压、怕撞、怕潮)、形状、体积及重量等做出弹性调整。此外,对于货物的装卸方法也必须考虑货物的性质、形状、重量、体积等因素后再做具体决定。

在整个送货作业过程中必须注意:明确订单内容;了解货物的性质;明确具体送货地点;适当选择配送车辆;选择最优的配送线路;充分考虑各作业点的装卸货时间等。

【技能训练】

训练任务:绘制送货作业流程图

寻找在学校附近的配送中心,观察该配送中心送货作业的流程,并完成相应的流程图。

附录一　现代物流中心作业团体赛规程

1. 比赛方式及岗位分工

（1）比赛方式

比赛由3名选手组成一支参赛队，根据现代物流中心作业过程中的入库、补货、流通加工、出库、盘点等工作流程，按要求分工协作完成比赛。每位参赛选手担任不同的工作岗位，具体包括信息员、仓管员、操作员三个工作岗位。

（2）岗位分工

参赛选手须严格按照以下岗位分工进行操作，对于未作岗位分工限定的作业，可以共同协作完成。

a. 信息员：在仓储管理系统中完成入库订单处理、出库订单处理、补货任务生成、流通加工任务生成、盘点任务生成。

b. 仓管员：入库作业时与送货人员交接，发货作业时与接货人员交接，盘点作业时与仓储经理交接；入库单、出库单和盘点结果单的填写、签收及签发。

2. 比赛内容

参赛队随机抽取一份题目，题目中包含若干入库通知单、出库通知单、补货任务单、流通加工任务单和盘点任务单等。裁判吹哨开始比赛，参赛队按岗位分工协作，根据题目要求完成入库、补货、流通加工、出库、盘点的全部内容。

整个比赛分为三个阶段，即第一阶段入库作业，第二阶段补货、流通加工及出库作业，第三阶段盘点作业。参赛队必须依次完成上个阶段全部工作后才能开始后续阶段的作业内容，但对于每个阶段内的各项任务的作业顺序可以自行决定；在每个阶段结束后，相关设备必须归位，并由仓管员在指定的"选手报告区"分别报告"入库完毕"、"出库加工完毕"和"比赛完成"。比赛流程如下（见下页）。

（1）入库作业

a. 入库订单处理

信息员根据入库通知单录入入库订单，生成作业计划，打印入库单。

b. 入库验收作业

根据入库单，到收货理货区验收货品，如果出现实收货品数量与入库单上的应收数量不符或质量问题时，仓管员要在入库单上注明情况，并以实际收货数量入库；仓管员在入库单上签字确认；仓管员与送货人员（由工作人员扮演）进行交接。

c. 入库理货作业

利用设备或人工从托盘存放区抬取空托盘到收货理货区，如果人工抬取空托盘则必须由两个人一起完成，而且一次只允许抬取一只空托盘；利用手持终端扫描货品标签和托盘标签完成组盘作业。

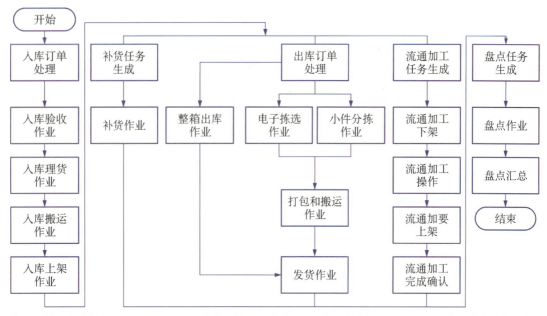

第一阶段：入库作业　　　　　第二阶段：补货、流通加工及出库作业　　　　　第三阶段：盘点作业

　　d. 入库搬运作业

　　利用手持终端扫描托盘标签，下载入库搬运任务，利用手动搬运车将货品从收货理货区运至托盘货架交接区。

　　e. 入库上架作业

　　用堆高车从托盘货架交接区取待上架托盘，利用手持终端扫描托盘标签，下载入库上架任务，完成货品上架，并确认目标货位地址。

　　(2) 补货作业

　　a. 补货任务生成

　　信息员在仓储管理系统中按补货任务单的要求，生成补货任务。

　　b. 补货作业

　　利用手持终端下载补货指令，利用堆高车将托盘从相应货位取出，扫描确认货位地址后，将托盘运至托盘货架交接区；利用手动搬运车将托盘运至补货缓冲区，根据手持终端的提示，从补货作业通道将货品拆零，补货至对应的货位上，回收空纸箱。

　　(3) 流通加工作业

　　a. 流通加工任务生成

　　信息员在仓储管理系统中按流通加工任务单的要求，生成流通加工订单。

　　b. 启动流通加工作业

　　利用手持终端下载流通加工作业任务并启动。

　　c. 流通加工下架

　　利用手持终端下载流通加工下架任务，取空周转箱和手推车至小件存放区，扫描货位条码和货品条码，将货品从相应货位取出放入周转箱，利用手推车搬运至加工作业区。

　　d. 流通加工操作

　　利用手持终端下载流通加工操作指令；到加工作业区，按要求取货品和包装材料，进行加工操作；扫描加工后的货品条码确认完成该加工操作。

e. 流通加工上架

利用手持终端下载流通加工上架任务,取空周转箱和手推车至加工作业区,扫描加工完成的货品条码,获得目标货位后,将货品搬运至小件存放区并放入指定货位,扫描货位条码确认上架任务。

f. 流通加工完成确认

利用手持终端确认完成流通加工作业。

(4) 出库作业

a. 出库订单处理

信息员根据出库通知单录入出库订单,生成作业计划,打印出库单。

b. 整箱出库作业

利用手持终端下载作业任务,利用堆高车完成下架作业,将货品从相应货位取出并运至托盘货架交接区,利用手持终端确认货位地址;利用手动搬运车将货品运至发货理货区,对于整托出库货品要把货品从托盘上搬下,并把空托盘回收至托盘存放区,对于非整托出库的剩余货品和托盘必须放回原货位。

c. 电子拣选作业

根据电子标签提示,拣选货品至周转箱,把周转箱送入加工作业区。

d. 小件分拣作业

利用手持终端下载小件分拣作业任务,将对应的出库单放入周转箱,扫描货位条码和货品条码,将货品从相应货位取出放至周转箱,利用手推车搬运至加工作业区。

e. 打包和搬运作业

将电子拣选作业或小件分拣作业的货品按类别装入纸箱内,使用胶带封口,利用半自动打包机进行田字形打包,将收货人标签粘贴在包装箱上,在出库单备注栏上标明包装箱数量。利用手推车将拣选货品从加工作业区运至发货理货区。

f. 发货作业

仓管员复核后,按出库单与接货人员(由工作人员扮演)分别进行交接,并在出库单上签字。

(5) 盘点作业

a. 盘点任务生成

信息员在仓储管理系统中按盘点任务单的要求,生成并提交盘点任务。

b. 盘点作业

至小件存放区,利用手持终端扫描货位条码和货品条码,输入实际数量,完成盘点操作。所有货位的盘点操作均完成后,利用手持终端确认完成本次盘点任务。

c. 盘点汇总

盘点结束后,信息员在仓储管理系统中打印盘点结果单,由仓管员签字确认,并交给仓储经理(由工作人员扮演)。

3. 关于比赛内容的说明

① 比赛过程中打印的入库单、出库单均为一式三联。在入库验收时,仓管员和送货人员均签字确认后,将送货联交送货人员,其他联留存;在发货时,仓管员和接货人员签字确认后,发货联交接货人员,其他联留存。

② 信息员打印入库单和出库单后,交给仓管员。仓管员在与送货人员和接货人员交接时

须在入库单和出库单上的相应位置签上"仓管员"三个字。入库单和出库单的备注栏的填写方式如下：

入库：如果货品出现污损、破损、错误货品、未封箱等情况，入库验收时要拒收，并在备注栏注明，如："某某货品污损 N 箱、破损 N 箱、错误货品 N 箱、未封箱 N 箱"，没有的情况则不需注明。

出库：对于需要打包作业的出库单，需要在出库单备注栏上标明打包包装箱的数量，如："打包 N 箱"。

其他单据的填写要求如下：

盘点结果单：在盘点人的位置签署"仓管员"三个字。

③ 纸质单据是现场作业调度和交接的凭证。在入库或出库作业时，纸质单据在打印出来之前只允许进行取空托盘、堆高车、手动搬运车、戴安全帽、加工纸箱等准备工作，不能有其他任何与具体订单相关的现场作业（如：检查入库货品）；补货作业、流通加工作业、盘点作业无纸质单据，直接由手持终端下达作业指令；不可将未完成入库交接的货品移出收货理货区。

④ "托盘货架交接区"用于待上架和已下架待搬运托盘的交接。"补货缓冲区"用于补货作业。"作业废料回收区"用于存放作业产生的废料，如：补货拆零上架后生成的空纸箱等。在各个阶段作业结束后，只能由仓管员在"选手报告区"报告本阶段结束。"小件存放区"用于小件存放、拣选等作业，小件存放区的货品上架、下架只能利用周转箱和手推车进行搬运，一个周转箱可以存放多种货品，手推车一次可以搬运多个周转箱。

⑤ 在作业过程中，手动搬运车、手推车只要和该设备使用者在同一区域，且得到合理处置，允许人车分离及更换使用者。托盘货架区的巷道内同时只允许一名选手操作堆高车；堆高车只要和该设备使用者在同一区域，且得到合理处置，允许人车分离，如需更换堆高车操作人员，需先将堆高车归位。

⑥ 使用手动搬运车搬运货品时，必须用托盘装载货品。作业过程中，参赛选手在人工搬运纸箱时，只允许一次搬运一个纸箱。

⑦ 入库理货作业时，货品码放到托盘的要求是四面均能看到纸箱条码标签和包装标识（同一面的条码标签和包装标识的数量比例不限）。

⑧ 选手在操作堆高车时，必须佩戴安全帽。

⑨ 在距离比赛结束还有 3 分钟、1 分钟时，计时员分别报时提醒。比赛结束，需要把比赛所用的全部单据和资料交回给裁判。

4 比赛时限

比赛时限为 20 分钟。

3 评分方法

参赛队成绩由团队实操成绩和三个参赛队员理论知识考试成绩组成，计算方法为：参赛队成绩 = 实操成绩×0.8＋三个参赛队员理论知识考试的平均分×0.2；实操成绩 = 操作质量成绩＋操作速度成绩。

操作质量主要从参赛队员的各项操作的规范性和完整度，人员和货品的安全性，系统数据和单据数据的准确性，赛场的设备设施的完好性等几个方面进行评判。评分方式为：初始分值为 100 分，裁判根据评分要素对参赛队员在作业过程中的不安全行为、失误、不规范操作进行扣分，同时对未完成的作业按比例扣除该作业内容的相应分值，各作业内容的阶段总分值如下：

入库作业　　　　24 分
补货作业　　　　11 分
流通加工作业　　14 分
出库作业　　　　32 分
盘点作业　　　　13 分

4. 比赛场地图

（略）

附录二 仓储与配送实务专业术语

1. 物流基础术语

1.1　物品 goods
1.2　物流 logistics
1.3　物流活动 logistics activity
1.4　物流管理 logistics management
1.5　供应链 supply chain
1.6　供应链管理 supply chain management
1.7　物流服务 logistics service
1.8　一体化物流服务 integrated logistics service
1.9　第三方物流 third party logistics（TPL,3PL）
1.10　物流设施 logistics facilities
1.11　物流中心 logistics center
1.12　区域物流中心 regional logistics center
1.13　配送 distribution
1.14　配送中心 distribution center
1.15　物流园区 logistics park
1.16　物流企业 logistics enterprise
1.17　物流模数 logistics modulus
1.18　物流技术 logistics technology
1.19　物流成本 logistics cost
1.20　物流网络 logistics network
1.21　物流信息 logistics information
1.22　物流单证 logistics documents
1.23　物流联盟 logistics alliance
1.24　企业物流 enterprise logistics
1.25　供应物流 supply logistics
1.26　生产物流 production logistics
1.27　销售物流 distribution logistics
1.28　精益物流 lean logistics
1.29　逆向物流 reverse logistics
1.30　废弃物物流 waste material logistics
1.31　配送式保障 distribution-mode support
1.32　应急物流 emergency logistics

2. 物流作业服务术语

2.1　托运人 consigner
2.2　托运 consignment
2.3　承运人 carrier
2.4　承运 carriage
2.5　运输 transportation
2.6　仓储 warehousing
2.7　储存 storing
2.8　库存 stock
2.9　存货成本 inventory cost
2.10　保管 storage
2.11　仓单 warehouse receipt
2.12　仓单质押融资 warehouse receipt loan
2.13　存货质押融资 inventory financing
2.14　融通仓 financing warehouse
2.15　仓储费用 warehousing fee
2.16　货垛 goods stack
2.17　堆码 stacking
2.18　拣选 order picking
2.19　物品分类 sorting
2.20　集货 goods consolidation
2.21　共同配送 joint distribution
2.22　装卸 loading and unloading
2.23　搬运 handling carrying
2.24　包装 packaging
2.25　销售包装 sales package
2.26　运输包装 transport package
2.27　流通加工 distribution processing
2.28　检验 inspection
2.29　增值物流服务 value-added logistics service
2.30　定制物流 customized logistics
2.31　快递 courier
　　　速递 express
　　　特快专递 express-delivery
2.32　物流客户服务 logistics customer service
2.33　物流服务质量 logistics service quality
2.34　物品储备 goods reserves
2.35　订单满足率 fulfillment rate
2.36　缺货率 stock-out rate
2.37　货损率 cargo damages rate
2.38　商品完好率 rate of the goods in good condition

2.39 基本运价 freight unit price
2.40 理货 tally
2.41 组配 assembly
2.42 订货周期 order cycle time
2.43 库存周期 inventory cycle time

3. 仓储设施设备术语
3.1 集装单元 palletized unit
3.2 集装单元器具 palletized unit implements
3.3 集装化 containerization
3.4 散装化 in bulk
3.5 集装箱 container
3.6 标准箱 twenty-feet equivalent unit (TEU)
3.7 特种货物集装箱 specific cargo container
3.8 集装袋 flexible freight bags
3.9 周转箱 carton
3.10 自备箱 shipper's own container
3.11 托盘 pallet
3.12 集装运输 containerized transport
3.13 托盘运输 pallet transport
3.14 单元装卸 unit loading & unloading
3.15 托盘包装 palletizing
3.16 四号定位 four number location
3.17 零库存技术 zero-inventory technology
3.18 分拣输送系统 sorting & picking system
3.19 自动补货 automatic replenishment
3.20 直接换装 cross docking
3.21 冷链 cold chain
3.22 自营仓库 private warehouse
3.23 公共仓库 public warehouse
3.24 自动化立体仓库 automatic storage and retrieval system (AS/RS)
3.25 交割仓库 transaction warehouse
3.26 控湿储存区 humidity controlled space
3.27 冷藏区 chill space
3.28 冷冻区 freeze space
3.29 收货区 receiving space
3.30 理货区 tallying space
3.31 叉车 fork lift truck
3.32 叉车属具 attachments of fork lift trucks
3.33 称量装置 load weighing devices
3.34 货架 rack
3.35 重力式货架 live pallet rack
3.36 移动式货架 mobile rack
3.37 驶入式货架 drive-in rack
3.38 码垛机器人 robot palletizer
3.39 起重机械 hoisting machinery
3.40 牵引车 tow tractor
3.41 升降台 lift table (LT)
3.42 手动液压升降平台车 scissor lift table
3.43 输送机 conveyors
3.44 箱式车 box car
3.45 自动导引车 automatic guided vehicle (AGV)
3.46 站台登车桥 dock levelers

4. 物流信息术语
4.1 物流信息编码 logistics information coding
4.2 货物编码 goods coding
4.3 条码 bar code
4.4 二维码 two-dimensional bar code
4.5 物流单元 logistics unit
4.6 物流标签 logistics label
4.7 商品标识代码 identification code for commodity
4.8 全国产品与服务统一代码 national product code (NPC)
4.9 产品电子代码 electronic product code (EPC)
4.10 产品电子代码系统 EPC system
4.11 全球位置码 global location number (GLN)
4.12 全球贸易项目标识代码 global trade item number (GTIN)
4.13 系列货运包装箱代码 serial shipping container code (SSCC)
4.14 应用标识符 application identifier (AI)
4.15 单个资产标识代码 global individual asset identifier (GIAI)
4.16 可回收资产标识代码 global returnable asset identifier (GRAI)
4.17 自动识别与数据采集 automatic identification and data capture (AIDC)
4.18 条码自动识别技术 bar code automatic identification technology
4.19 条码系统 bar code system
4.20 条码标签 bar code tag
4.21 条码识读器 bar code reader
4.22 条码打印机 bar code printer
4.23 射频识别 radio frequency identification (RFID)
4.24 射频识别系统 radio frequency identification system
4.25 射频标签 radio frequency tag
4.26 射频识读器 RFID reader
4.27 电子数据交换 electronic data interchange (EDI)
4.28 电子通关 electronic clearance

4.29 电子认证 electronic authentication
4.30 电子报表 e-report
4.31 电子采购 e-procurement
4.32 电子商务 e-commerce（EC）
4.33 地理信息系统 geographical information system（GIS）
4.34 全球定位系统 global positioning system（GPS）
4.35 智能运输系统 intelligent transportation system（ITS）
4.36 货物跟踪系统 goods-tracked system
4.37 仓库管理系统 warehouse management system（WMS）
4.38 销售时点系统 point of sale（POS）
4.39 电子订货系统 electronic order system（EOS）
4.40 物流信息技术 logistics information technology
4.41 物流管理信息系统 logistics management information system

5. 物流管理术语

5.1 仓库布局 warehouse layout
5.2 ABC 分类管理 ABC classification
5.3 安全库存 safety stock
5.4 经常库存 cycle stock
5.5 仓储管理 inventory management
5.6 存货控制 inventory control
5.7 供应商管理库存 vendor managed inventory（VMI）
5.8 定量订货制 fixed-quantity system（FQS）
5.9 定期订货制 fixed-interval system（FIS）
5.10 经济订货批量 economic order quantity（EOQ）
5.11 连续补货计划 continuous replenishment program（CRP）
5.12 联合库存管理 joint managed inventory（JMI）
5.13 物流成本管理 logistics cost control
5.14 物流战略管理 logistics strategy management
5.15 物流资源计划 logistics resource planning（LRP）
5.16 供应商关系管理 supplier relationships management（SRM）
5.17 客户关系管理 customer relationships management（CRM）
5.18 准时制物流 just-in-time logistics
5.19 有效客户反应 efficient customer response（ECR）
5.20 快速反应 quick response（QR）
5.21 物料需求计划 material requirements planning（MRP）
5.22 制造资源计划 manufacturing resource planning（MRPⅡ）
5.23 配送需求计划 distribution requirements planning（DRP）
5.24 配送资源计划 distribution resource planning（DRPⅡ）
5.25 企业资源计划 enterprise resource planning（ERP）
5.26 协同计划 collaborative planning
5.27 预测与补货 forecasting and replenishment（CPFR）
5.28 物流外包 logistics outsourcing
5.29 延迟策略 postponement strategy
5.30 物流流程重组 logistics process reengineering
5.31 物流总成本分析 total cost analysis
5.32 物流作业成本法 logistics activity-based costing
5.33 效益背反 trade off
5.34 社会物流总额 total value of social logistics goods
5.35 社会物流总费用 total social logistics costs

参考文献

1. 王健. 现代物流概论(第二版). 北京:北京大学出版社,2012
2. 崔介何. 物流学概论(第四版). 北京:北京大学出版社,2010
3. 中国仓储协会. 仓储管理员. 北京:北京师范大学出版社,2011
4. 蓝仁昌. 仓储与配送实务. 北京:中国物资出版社,2011
5. 人力资源和社会保障部职业技能鉴定中心. 物流师(仓储管理)国家题库实训指导手册. 北京:科学出版社,2010
6. 蓝仁昌. 配送中心运营管理. 北京:高等教育出版社,2010
7. 何华洲. 配运作业实务. 北京:高等教育出版社,2010
8. 李举毅. 走进物流. 北京:化学工业出版社,2010
9. 蓝仁昌. 物流技术与实务(第二版). 北京:高等教育出版社,2010
10. 郑彬. 仓储作业实务(第二版). 北京:高等教育出版社,2010
11. 刘淑萍. 现代物流基础(第二版). 华东师范大学出版社,2007
12. 邱蕾. 公司实战. 北京:高等教育出版社,2009